Wolfgang Baßler – Volker Ladenthin

Recht und Grenzen empirischer Methoden in Psychologie und Pädagogik

Pädagogik in Europa in Geschichte und Zukunft / Pedagogy in Europe: The Past and The Future

Band 20

Band 1 Ralph Fischer: Homeschooling in der Bundesrepublik Deutschland – Eine erziehungswissenschaftliche Annäherung

Band 2 Volker Ladenthin: Homeschooling – Fragen und Antworten Häusliche Bildung im Spannungsfeld zwischen Schulpflicht und Elternrecht: Aufsätze und Interviews

Band 3 Hanniel Strebel: Home Education Verteidigung eines alternativen Bildungskonzepts und Lebensstils unter besonderer Berücksichtigung der Schweiz

Band 4 Jan Hábl: Lessons in Humanity

Band 5 Volker Ladenthin: Kulturschulen – Schulkulturen

Band 6 John Warwick Montgomery: Homeschooling in America and in Europe: A Litmus Test of Democracy

Band 7 George Melvyn Ella: The Practical Divinity of Universal Learning: John Durie's Educational Pansophism

Band 8 Heiner Ehrbeck: Antisemitismus – Ausbeutung – Unterdrückung – Materialien und Konzeptionen

Band 9 Jan Hábl: Teaching and Learning Through Story

Band 10 Volker Ladenthin: Forschendes Lernen in der Bildungswissenschaft

Band 11 V. Ladenthin / A. Nostadt / J. Krautz (Hg.): weniger ist weniger. G8 und die Kollateralschäden – Analysen und Materialien

Band 12 Volker Ladenthin / Mario Leis (Hg.): Warum unsere Studenten so sind, wie sie sind

Band 13 Axel Bernd Kunze: Bildung in der Demokratie

Band 14 Richard Zaiser: Der Siegeszug der Kompetenzen

Band 15 Volker Ladenthin (unter Mitarbeit von Jared Schmitt): Wie man richtig studiert

Band 16 Christopher Haep, Paulus Koci, Volker Ladenthin, Marie-Theres Pütz-Böckem (Hg.): Gegenwart und Zukunft des Internats

Band 17 Volker Ladenthin / Harald W. Kuypers (Hg.): Religiöse Bildung ist interdisziplinär

Band 18 Volker Ladenthin / Kamil Gizenski, Alexandra Herbst & Emma Seiltz (Hg.): Das Internat im Schulsystem – Ein Lesebuch zum Informieren und Diskutieren

Band 19 Margot Heike Melas-Geiger: Portrait des amerikanischen Homeschoolings – Eine Fallstudie

Wolfgang Baßler - Volker Ladenthin

Recht und Grenzen empirischer Methoden in Psychologie und Pädagogik

Verlag für Kultur und Wissenschaft
Culture and Science Publ.
Dr. Thomas Schirrmacher
Bonn 2020

Bibliografische Information der Deutschen Nationalbibliothek

Die Deutsche Nationalbibliothek verzeichnet diese Publikation in der Deutschen Nationalbibliografie; detaillierte bibliografische Daten sind im Internet über http://dnb.d-nb.de abrufbar.

Bibliographic information published by the Deutsche Nationalbibliothek

The Deutsche Nationalbibliothek lists this publication in the Deutsche Nationalbibliografie; detailed bibliographic data are available in the Internet at http://dnb.d-nb.de

Verlag für Kultur und Wissenschaft
(Culture and Science Publ.)
Prof. Dr. Thomas Schirrmacher
Friedrichstraße 38, D-53111 Bonn
Fax +49 / 228 / 9650389
www.vkwonline.com / info@vkwonline.com

ISSN 1430-9068

ISBN 978-3-86269-191-3

Cover: Albrecht Dürer, Proportionenskizze, zeichnerische Konstruktion eines Männerkopfes, um 1514 (www.pictokon.net / Bild Nr. 8725)

Printed in Germany

Umschlaggestaltung:
HCB Verlagsservice Beese, Friedensallee 76, 22765 Hamburg
www.rvbeese.de / info@rvbeese.de

Gesamtherstellung:
CPI Books / Buch Bücher.de GmbH, 96158 Birkach
www.cpi-print.de / info.birkach@cpi-print.de

Inhaltsverzeichnis

Vorbemerkung

Nach dem antiken Weltmodell sicherte die Vorstellung einer von einem Schöpfer oder einen schaffenden/erschaffenden Prinzip regierten Welt, dass alle Erkenntnis eingebettet war in die teleologisch ausgerichtete Arbeit an einer sinnvollen Zukunft. Der Erwerb von Wissen hatte den Sinn von Welt aufzudecken; und umgekehrt: Jede Entdeckung verwies zugleich auf den wohlgeordneten Sinn der Welt.

Anders die Moderne. Sie hat die empirische oder konsensuale Gewissheit darüber verloren, ob die Dinge (die Natur und Geschichte) einen Sinn *in sich* haben. Die Erkenntnisformen des Wahren, des Guten, des Schönen stehen in einem nicht-hierarchischen, nicht-teleologischen Verhältnis zueinander. Das Wissen wird a-moralisch.

Geltungsgründe wissenschaftlicher Aussagen sind daher weder ihre Anwendbarkeit noch Nützlichkeit. Geltungsgrund ist allein die Methode. Dies besagt, dass das wissenschaftliche Wissen nur unter Beachtung ihrer methodischen Voraussetzungen Bedeutung hat. Wissen in diesem Sinne existiert erst, wenn die Methode beim Ergebnis mitgedacht wird. Der Gegenstand resultiert nur als Ergebnis einer Methode. Er ist deshalb so vorläufig bzw. (bei Gegenständen der Natur) willkürlich, wie die Methode vorläufig bzw. willkürlich ist. Würde man einen Gegenstand nicht als Produkt einer Methode vermitteln, verfehlte man die Zeitgebundenheit von Wissenschaft – würde also die Offenheit von Wissenschaft dogmatisch verschließen. Man würde zudem die durch Methodenbewusstsein prinzipiell als relativ/hypothetisch angesehenen Aussagen ontologisieren – d.h. zu zeitlos gültigen Aussagen stilisieren. (Dies geschieht z.B. in Pressemeldungen, in denen methodenabhängige Aussagen als Seinsaussagen referiert werden.) Die Offenheit wissenschaftlichen Wissens wird nur dann erreicht, wenn ein Gegenstand als Methode (in der Systematik der Methode) erarbeitet wird.

Die Frage ist nun, mit welchen Methoden arbeitet die Wissenschaft. Es scheint, als würden die empirischen Verfahren der Naturwissenschaften jene sein, die in allen Wissenschaften allein gesicherte Erkenntnis gewährleisten. Der vorliegende Band reflektiert diese Auffassung.

Wolfgang Baßler/Volker Ladenthin, Köln/Bonn Februar 2020

Wolfgang Baßler

Was ist (empirische) Wissenschaft – in den Natur- wie in den Geistes- bzw. Kulturwissenschaften?

Teil I: Was ist Wissenschaft? (der konventionelle Wissenschaftsbegriff)

1.

Wir Menschen sind seit Urzeiten darauf angewiesen, uns mit unserer Umwelt vertraut zu machen, mit ihr in Einklang zu leben, nicht zuletzt, weil wir eben in dieser Umwelt leben und zum Leben und Überleben auf diese Umwelt angewiesen sind: So ernähren wir uns durch sie, müssen uns aber andererseits und ggfs. auch vor ihr schützen.

Das mag banal klingen, muss aber dazu führen, dass wir uns mit dieser Umwelt immer vertrauter machen müssen, Kenntnisse von ihr erwerben, soweit wir sie nicht „von Natur aus" besitzen. Das haben wir dann auch seit Urzeiten mit wachsendem Erfolg versucht: Nahrungsmittel aus ihr zu beziehen und Kenntnisse dazu schließlich gezielt zu erwerben (Ackerbau, Viehzucht etc.) und diese Kenntnisse auch geplant umzusetzen.

2.

Mit fortschreitender Zeit haben wir dann aber auch versucht, in die Naturprozesse selbst einzugreifen, um bessere Erträge zu erzielen. Das aber bedeutete, wir mussten gezielt Ursachen/Bedingungen in die Natur einbringen, um entsprechende Wirkungen zu erzielen. Dazu mussten wir dann auch Mittel/Werkzeuge herstellen, um in solche Ursachen/Bedingungen besser und nunmehr sozusagen künstlich (griechisch = techne) einzugreifen. Damit war aber schon das mitgegeben, was wir lange Zeit später als „wissenschaftliche Forschung“ bezeichnet haben und noch heute so bezeichnen.

Das bedeutet im Wesentlichen:

- Die Natur beobachten und schließlich auch gezielt beobachten.
- Diese Beobachtungen festhalten und beschreiben, um dabei Ordnungsverhältnisse herauszufinden.
- Schließlich wollten wir dann Ordnungsverhältnisse herausfinden, die *stets und (mit gewisser) Notwendigkeit* eintreten. Mit anderen Worten: *Ursache - Wirkungsverhältnisse*, die sich als Natur-Gesetze formulieren lassen, möglichst messbar in festen Einheiten/Größen – also quantitativ – und sich in einer mathematischen Sprache also Formel ausdrücken lassen. Damit war schon der Übergang von der Naturphilosophie (Aristoteles und andere) zur Naturwissenschaft (Galilei und andere) gekennzeichnet.
- Diese Auffassung von Wissenschaft wird schließlich von Kant (und anderen) als *der Begriff* von Wissenschaft und Natur-Wissenschaft festgelegt und definiert: Wissenschaft besteht stets in der Erfassung von Kausal- beziehungsweise Ursache-Wirkungsverhältnissen und deren *notwendige* Relationen. Dazu müssen aber Wege beschritten werden, um die Natur gezielter beobachten zu können und womöglich eben in diese gezielt einzugreifen: Damit ist zugleich auch schon mitgegeben, was wir als Methode bezeichnen (griechisch meth-hodos = der Weg auf etwas zu – also der Weg zu den Inhalten beziehungsweise den jeweiligen Gegenstandsbereichen der entsprechenden Einzelwissenschaften: Physik, Chemie, Biologie, Geologie etc.).
- Davon ist aber dann noch das konkrete Vorgehen, die Verfahrenstechnik zu unterscheiden – diese darf allerdings keinesfalls mit der Methode verwechselt werden: Die konkrete *Verfahrenstechnik* ist zum Beispiel die Messtechnik. Zu Beginn der klassischen Mechanik bestand diese etwa im Messen der Zeit oder in der Vermessung einer Strecke zufolge einer zuvor festgelegten Maßeinheit. Dieses alles an Möglichkeiten und entwickeltem Repertoire in der Verfahrenstechnik ist natürlich im Laufe der Zeit unvergleichlich viel komplizierter und aufwändiger geworden – sozusagen eine „Wissenschaft“ für sich.

Im weiteren Fortschreiten eines solchen Konzepts von Wissenschaft war es dann nämlich auch und mehr und mehr angezeigt, Naturverhältnisse quasi künstlich von Menschenhand selbst herzustellen: Das war die Geburtsstunde des Labors beziehungsweise Laboratoriums und damit auch der gezielten Experimente. Hier konnte man nun – unabhängig von den jeweiligen Naturverhältnissen „draußen“ – einzelne Naturvorgänge im Labor „nachbauen“ und damit auch vereinfachen, damit auf diese Weise bestimmte Kausalverhältnisse prägnanter hervortraten und exakter beobachtbar und messbar wurden. Paradefall waren dabei zunächst einmal – wiederum in der klassischen Mechanik –: „die Experimente“ von Galilei auf „der schiefen Ebene“. Mit diesen und vielen anderen Experimenten dieser Art wurde dann eben die sogenannten „klassische Mechanik“ grundgelegt und solche Gesetze herausgearbeitet wie: „Kraft = Masse x Beschleunigung“ oder „Geschwindigkeit = Weg pro Zeiteinheit“ etc.

Damit war im Großen und Ganzen schon *der* Begriff von Natur-Wissenschaft konstituiert, wie er mutatis mutandis bis heute noch gültig ist: mathematisch formulierbare Gesetzeswissenschaft, auf der Basis von Beobachten und Beschreiben von Naturvorgängen, die möglichst quantitativ messbar sein sollten. Naturwissenschaft ist damit eindeutig unterschieden von der Naturphilosophie, wie sie eben und vor allem von Aristoteles grundgelegt wurde. Der Begriff der Kausalität wurde nun aber von Galilei aber vor allem verstanden im Sinne einer „causa efficiens“, das heißt als eine *Wirkursache*, eben im Unterschied zu der „Vier-Ursachenlehre“ des Aristoteles (causa materialis, causa formalis, causa efficiens und causa finalis). In der Tat ist dies alles, also natürlich auch die dazu gehörigen Messtechniken heutzutage unvergleichlich viel komplexer und komplizierter geworden: also im Laufe der rasanten Entwicklung von der „klassischen Mechanik“ und „Ballistik“ über die „Thermo- und Elektrodynamik“ etc. bis hin zur heutigen „Quantenmechanik“ und „relativistischen Physik“.

3.

Ich darf zusammenfassen: Bei aller Unterschiedenheit im Einzelnen der naturwissenschaftlichen Forschungs- und Vorgehensweise lassen sich ganz allgemein folgende Vorgänge (natur-)wissenschaftlichen Tuns herausstellen:

Zu Beginn erfolgt die Erhebung von Daten und Fakten im Alltag, dann die gezielte empirische Erhebung von Daten und Fakten durch Experimente – oftmals im Labor – was jedoch nicht immer möglich ist, so zum Beispiel nicht in der astronomischen Forschung. Dann deren ordnende Zusammenfassung bis hin zu hypothetischen Verallgemeinerungen, ausgedrückt als Kausalgesetze möglichst formuliert als mathematische Funktionsgleichung und damit die vorläufig gültige Aufstellung eines oder mehrerer (Kausal-)Gesetze, womöglich bis hin zu einem System von Gesetzen, das wir dann eine Theorie heißen.

Solche Kausalgesetze erfassen dann in der Natur die „sukzessive" Aufeinanderfolge der Naturvorgänge: Also *eine* Ursache geht voraus und eine Wirkung erfolgt danach. Schon recht bald mit der „Galileischen Wende" im Rahmen der klassischen Mechanik muss natürlich betont werden, dass es sich inzwischen oft, nahezu fast immer, nicht mehr nur um eine, sondern um mehrere Ursachen oder gar ein ganzes kompliziertes „Netz", ein „Geflecht" von Ursachen und dementsprechend erzielten Wirkungen handelt. Nicht zuletzt aus diesem Grunde spricht man in den Naturwissenschaften auch schon lange von „unabhängigen und abhängigen Variablen". Dass es in den Naturwissenschaften hierbei um eine *Auf*einanderfolge von Ursache und Wirkung geht, sei deshalb so deutlich hervorgehoben, weil es im Unterschied dazu sich in den Geistes- beziehungsweise Kulturwissenschaften um eine *Aus*einanderfolge handelt! (Siehe weiter unten im Teil III).

Damit ist zugleich auch schon das gekennzeichnet, was unter Methode zu verstehen ist, nämlich einen *Weg* zu überlegen und zu ermitteln, auf dem der Forschungsgegenstand des jeweiligen Wissensgebietes erfasst und eben erforscht werden kann, inwieweit also hier Kausal- beziehungsweise Ursache-Wirkungsverhältnisse und deren (notwendige) Relationen erfasst werden können. Wie oben schon gesagt kann man griechisch formuliert met-hodos = der Weg „auf etwas zu" beziehungsweise „hin zu etwas" übersetzen. Methode ist also der *Weg*, der beschritten werden muss, um zu einer genaueren Erforschung und Erfahrung kausaler Vorgänge des Gegenstandes der jeweiligen Einzelwissenschaften zu gelangen: Physik, Chemie, Biologie, Geologie etc. Natürlich sind heutzutage und schon seit längerer Zeit die Bereiche der jeweiligen Einzelwissenschaften nicht mehr so klar abzugrenzen und zu trennen, wie noch vor 100 oder 150 Jahren: Die Forschungsgegenstände von Physik und Chemie zum Beispiel überlappen/

überlagern sich zu einem erheblichen Teil. Ferner ist noch anzumerken, dass spätestens seit den wissenschaftstheoretischen Reflexionen im 19ten Jahrhundert in den Naturwissenschaften nicht mehr von unbedingt *„notwendigen“* Relationen gesprochen werden kann, da es dort eine vollständige Induktion nicht geben kann.

Von der Gegenstandsbestimmung aus ist also auch die Methode als Weg zur Erkenntnis der Inhalte des Forschungsgegenstandes entscheidend mitbestimmt: Ist der Gegenstand inhaltlich kausal organisiert im Sinne einer Abfolge von Ursache zur Wirkung, so *muss* die Methode notwendigerweise *kausal-analytisch* sein.

Es ist dann aber noch das konkrete Vorgehen zu unterscheiden: die *konkrete Verfahrenstechnik.* In der weiteren Entwicklung eines solchen Konzepts von Wissenschaft war es dann mehr und mehr angezeigt, Naturverhältnisse quasi künstlich von Menschenhand selbst herzustellen: Das war dann die Geburtsstunde des Labors/des Laboratoriums und damit auch der gezielten Experimente. Hier konnte man unabhängig von den jeweiligen Naturverhältnissen „draußen“ einzelne Naturvorgänge „nachbauen“ und damit auch vereinfachen, um auf diese Weise einzelne Kausalverhältnisse prägnanter herauszuarbeiten, sodass diese exakter beobachtbar und messbar wurden. Paradefall waren und blieben aber mit Beginn der klassischen Mechanik die Experimente Galileis auf der „schiefen Ebene“: *eine* Kugel auf *einer* Ebene mit *einem* je veränderbaren Neigungswinkel herabrollen zu lassen und die Geschwindigkeit, also zurückgelegter Weg pro Zeiteinheit, zu messen – eben die Geburtsstunde der „klassischen Mechanik“ als physikalischer Naturwissenschaft im Unterschied zur Natur-*philosophie* eines Aristoteles. Eine Natur-*wissenschaft* war damit konstituiert, wie sie bis heute *im Prinzip* in Gültigkeit geblieben ist: eine mathematisch formulierbare Gesetzeswissenschaft auf der Basis von Beobachten und Beschreiben von Naturvorgängen, die möglichst quantitativ messbar sein sollten oder im Laborexperiment eben in der Weise anzuordnen waren, dass sie messbar wurden – das heißt damit nahezu unabhängig wurden von der schier *unendlichen* Fülle der gesamten sonstigen Naturverhältnisse.

Schließlich erfolgt im weiteren Verlauf die Überprüfung der zunächst und vorab aufgestellten ersten Hypothesen an neuen weiteren Daten und Fakten (mit Popper formuliert: die „Falsifikation“, die „Überprüfung der Geltung von Sätzen“), sodass die bisher aufgestellten Hypothesen durch weitere Überprüfung nicht widerlegt worden sind. Nach Popper ein im

Grunde genommen unendlicher Prozess, da eine endgültige Verifikation in den *Natur*wissenschaften nicht möglich ist. Eine vollständige Induktion, die alle auch in Zukunft möglichen Fälle umfasst kann es in den *Natur*wissenschaften nicht geben.

Und daraufhin im Anschluss daran geht es um eine weiterführende Kontrolle der Wirklichkeit nach Maßgabe der erkannten und nunmehr festgestellten Gesetze, respektive der daraus entwickelten beziehungsweise zusammenfassenden und möglichst umfassenden Theorie.[1]

4.

Diese traditionelle Auffassung von Wissenschaft als einer Kausalwissenschaft, die im Gefolge der klassischen Mechanik stets davon ausging, dass auf *eine* Ursache „unter sonst gleichen Bedingungen" = „ceteris paribus" – stets *eine* Wirkung folgt beziehungsweise folgen muss – anschaulich zu beobachten bei Galileis Experimenten „auf die schiefen Ebene" – blieb in etwa bis zu Beginn des 19. Jahrhunderts in Geltung. Bei diesem klassischen Experiment Galileis war eine solche Beobachtung ja auch relativ einfach anzustellen und wahrzunehmen, dass sich eben die sonstigen Bedingungen / Umstände beim Herabrollen der Kugel auf der „schiefen Ebene" nicht änderten und damit in der erforderlichen Weise konstant blieben. Je komplexer aber die zu beobachtenden und zu erforschenden Naturvorgänge wurden, erhob sich aber mehr und mehr die Frage: „Was ist nunmehr unter den ‚sonstigen Bedingungen'" überhaupt zu verstehen? Bei den Vorgehensweisen beziehungsweise Experimenten im Bereich der klassischen Mechanik schien dies zunächst ja noch recht einfach: Die schiefe Ebene bestand eben aus einer glatten Bahn, die Kugel war regelgerecht rund etc. Unter „etc." ist dann zu verstehen: Es stürmte nicht, es waren keine außergewöhnlichen Temperaturen, es geschah auf festem Grund und Boden – im Grunde genommen ja auch alles Umstände, die man im gegebenen Falle jeweils selbst in der Hand hatte oder genau planen konnte. Das wurde mit der Zeit dann doch so ziemlich anders, weil eben zunehmend immer komplexer. Deshalb sprach man alsbald in der Physik auch nicht mehr von Ursache und Wirkung, sondern von „unabhängiger

---

1 Popper, Karl R.: Logik der Forschung. Tübingen: 1971; Kuhn, Thomas: Die Struktur wissenschaftlicher Revolutionen. Frankfurt/M: 1967; Kuhn, Thomas: Die Entstehung des Neuen. Frankfurt/M: 1978.

und abhängiger Variable", das heißt dann soviel wie, die Ursache(n), also die unabhängige Variable(n) kann man bei (Labor-)Experimenten variieren.

Das wiederum bedeutet, man geht nicht mehr davon aus: *Eine* Ursache hat – unter sonst gleichen Bedingungen – immer nur *eine* Wirkung, sondern es kann auch, um es zeitgemäß auszudrücken, ein „Netz" von (miteinander verknüpften) Ursachen sein. Entscheidend aber bleibt: Es geht *immer* um ein mehr oder weniger notwendiges Abhängigkeitsverhältnis von Ursache und Wirkung, das sich dann als *Gesetz* ausdrücken lässt, eben möglichst formulierbar in einer mathematischen Funktionsgleichung. Was einem solchen Gesetz zugrunde liegt, ist dann nicht nur eine oder eine Vielzahl (gleicher) Beobachtungen, sondern diese Beobachtungen sollen zugleich in ein und derselben Weise gemessen werden können! Das nun führte dazu, dass in der weiteren Entwicklung ein ganz neuer Zweig von wissenschaftlicher Vorgehens- / Verfahrensweise entstand: die Messtechnik! *Verfahren* oder *Verfahrenstechniken* sind dabei allerdings keinesfalls mit *Methode* zu verwechseln![2] Ein Verfahren, um nun konkret eine solche Kausalanalyse durchzuführen, besteht dann unter anderem darin, messend vorzugehen und dazu eine entsprechende Messtechnik zu entwickeln.

In jedem Falle aber konnte mit dieser Vorgehensweise der Zusammenhang zwischen Ursache und Wirkung nicht nur beobachtet, sondern eben auch in ihrem nahezu notwendigen Abhängigkeitsverhältnis gemessen werden: Im Falle des Rollens der Kugel auf der „schiefen Ebene" konnte Galilei die Geschwindigkeit (Weg pro Zeiteinheit) der rollenden Kugel messen in Abhängigkeit vom jeweils immer wieder neu variierten beziehungsweise arrangierten Neigungswinkel der schiefen Ebene. Max Wertheimer gilt zwar als „veraltet", nicht zuletzt da er einer der Begründer der sogenannten „Gestaltpsychologie" des 20. Jahrhunderts war. Aber nach Auffassung des Verfassers hat er sehr einsichtig wesentliche Grundzüge intelligenten Denkens herausgearbeitet, wie dies auch ein so renommierter Erforscher der „Psychologie der Intelligenz", nämlich Jean Piaget, ausdrücklich anerkennt![3] Bei einer solchen Vorgehensweise wurden dann

2 Dilthey, Wilhelm: Ideen zu einer beschreibenden und zergliedernden Psychologie. S. 168 ff. (in: Bd. V der Ges. Werke). Stuttgart: 1956.

3 Wertheimer, Max: Produktives Denken. Kap.VI: Eine Entdeckung Galileis. S. 185 ff. Frankfurt/M: 1964; Piaget, Jean: Psychologie der Intelligenz. Stuttgart 1947.

auch *solche* Verfahrenstechniken immer wichtiger wie sie aus der mathematischen Statistik bereits bekannt waren: Stochastik, Varianzanalyse, Skalieren, Randomisieren etc.

Die wissenschaftstheoretische Auffassung, die insbesondere eine solche Konzeption von Wissenschaft vertritt, lässt sich unter dem Namen „Operationalismus“ zusammenfassen. Hierbei ist insbesondere das „Hempel/Oppenheim – Schema“ bekannt geworden. Macht man nun eine solche technische Vorgehensweise/Verfahren, mehr oder weniger *ausdrücklich und schlechthin zum Alleinstellungsmerkmal von Wissenschaft*, dann wird/muss man allerdings den Kultur-/Geisteswissenschaften (Geschichts-, Literatur-, Musikwissenschaften etc.) jeglichen Charakter von ernstzunehmender Wissenschaftlichkeit absprechen. Diese Wissenschaften sind dann keinesfalls *Gesetzes*wissenschaften im oben dargestellten Sinne, sondern bringen bestenfalls „Plausibilitäten“ zustande, wie dies von Wolfgang Stegmüller bezeichnet worden ist und weiter unten ein wenig genauer ausgeführt wird.

Im kulturellen Geschehen gibt es offensichtlich keine solch eindeutig und alleine maßgeblichen Kausalrelationen wie in der klassischen Mechanik: Die Weltwirtschaftskrise von 1928/29 ist nicht die alleinige und auch nicht die allein maßgebliche Ursache für das Erstarken der „nationalsozialistischen Partei“ in Deutschland in den Jahren ab 1930. Die Mordtat von Sarajewo ist nicht *die* Ursache für den 1.Weltkrieg und der Streik der Matrosen im November 1918 ist nicht alleine die Ursache für das Ende dieses Weltkrieges.

Verwechselt man aber „*Verfahren*“ - in unserem Beispiel der klassischen Mechanik quantitativ messend zu „verfahren“ – mit der „Methode“ der Kausalanalyse und bestimmt man wiederum die Methode der „Kausalanalyse“ als diejenige *einer* notwendigen einlinigen Relation von Ursache und Wirkung, dann sind in der Tat die Geschichts- oder Literaturwissenschaften etc. *keine* Wissenschaften: Hier wird ja offensichtlich nicht skaliert und gemessen, noch gibt es mechanische Kausalverhältnisse etwa von „Druck und Stoß“. Wohl gibt es auch hier Zusammenhänge eines ganzen Strukturgeflechtes, bei dem sich die Vorgänge aber untereinander beständig beeinflussen, überlagern, ergänzen oder sich gar gegenseitig „aufheben“. Diese Vorgänge zeigen sich dann nicht als ein kausales *Auf*-Einander, sondern als ein *Aus* - Einander; nicht also wie das eine *auf* das andere *folgt*, sondern wie das eine *aus* dem anderen *hervorgeht*.

Sofern in diesen Wissensbereichen überhaupt Vergleiche zur zeitgenössischen naturwissenschaftlichen Forschung möglich sein könnten, wäre hier an die moderne Quantenmechanik zu denken, nicht in erster Linie weil hierbei der Messvorgang selbst in das zu messende Objekt erheblich eingreift – das ließe sich sicherlich auch als Grund anführen –, sondern wohl vor allem auch deshalb weil die zu messenden Objekte, also die zu erfassenden „Quanten", selbst sich in beständiger Beeinflussung *untereinander* befinden. Dies sollte zum Ende dieses Abschnitts zumindest erwähnt werden, unbeschadet der Tatsache, dass diese Vorgänge in der wissenschaftlichen Forschung der „Quantenmechanik" noch in der Diskussion sind.[4]

4 Vgl. die sog. „Kopenhagener Diskussion".

Teil II: Was heißt: „empirisch“?

I.

Was heißt aber nun dabei „empirisch“ oder „evidenz-basiert“? Im englischen Sprachbereich ist diese Formulierung gleichbedeutend mit „empirisch“. Jedoch wird die englischen Bezeichnung mit „evidence“ wiedergegeben, die schon vom *Wortklang her*, aber erst vom *Wortsinn* mit der Bedeutung verbunden wird, dass es sich um etwas Selbstverständliches, Nahe- oder Offen liegendes, eben Evidentes handelt. Das könnte schon zu Missverständnissen führen.

Deshalb ist gezielt jetzt die Frage zu stellen: Was also heißt dann „empirisch“? Sinngemäß ins Deutsche übersetzt heißt es zunächst einmal: aus der (sinnlichen!) Erfahrung stammend. Historisch ist dieser Begriff darauf zurück zu führen, dass es in England eine ganze erkenntnis- und wissenschaftstheoretische Strömung gegeben hat, die sich im Unterschied zum damaligen französischen „Rationalismus“ eines Descartes nunmehr „Empirismus“ nannte und die das ganze 19. Jahrhundert über sehr stark in den wissenschaftlichen Forschungen vorherrschte und die zu Beginn des 20. Jahrhundert unter wissenschaftstheoretischen Aspekten im sogenannten „Wiener Kreis“ intensiv diskutiert wurde. Karl Raimund Popper stand diesem „Wiener Kreis“ zunächst relativ nahe, um sich aber dann in seiner „Logik der Forschung“ mit seinem „Falsifikationskonzept“ entschieden davon zu distanzieren und formulierte sinngemäß wiedergegeben: „Wissenschaft ist die permanente (empirische!) Überprüfung der Geltung von Sätzen/Aussagen“ – also: Wissenschaftliche Theorien/Gesetze müssen an der Wirklichkeit/an den Tatsachen scheitern beziehungsweise als nicht-zutreffend erwiesen werden können! Wie aber können wir die „Tatsachen“ feststellen? Antwort: durch Beobachtung durch unsere Sinne, und das war noch ganz im Sinne des „englischen Empirismus“.

Dann macht Popper aber eine sehr bedeutende, jedoch viel zu wenig beachtete Einschränkung: Das, was wir durch die Sinne erfahren/erfassen, ist nicht einfach objektiv „an sich“, also unabhängig vom erkennenden beobachtenden Subjekt gegeben und wird dann quasi fotografisch erfasst/registriert! Bereits Popper selbst vertritt demgegenüber entschieden die These: „Erfahrungen sind *immer* Erfahrungen im Lichte von Theorien"![5] Das will sagen: Wir machen nicht einfach die Augen oder Ohren etc. auf und erfassen dann irgendeine gerade die „vor Augen liegende" Wirklichkeit, sondern unsere Wahrnehmung ist immer schon vorgeprägt durch theoretische Vorannahmen, was uns im Alltag weder bewusst ist und was wir uns selbst als wissenschaftlich Tätige zumeist nicht klarmachen. Legen wir beim Einkaufen etwas auf die Waage oder stellen wir uns selbst auf eine Waage und sehen/beobachten den Ausschlag des Zeigers auf der Messskala, so haben wir immer schon vorausgesetzt, dass die Gesetze der klassischen Mechanik, vor allem die der Newton'sche Gravitationslehre gelten beziehungsweise noch grundsätzlicher, dass sich die Welt und Wirklichkeit nach „Maß, Zahl und Gewicht" ordnen lässt – wie schon in der Bibel geschrieben.

Das aber ist eben nicht selbstverständlich: In der Antike und lange Zeit auch noch darüber hinaus waren viele der Auffassung, dass die „Welt voller Götter ist", das heißt alle möglichen Götter steuern / lenken, die Flüsse, das Feuer, die Erde, die Bäume, das Meer, die Sterne, die Sonne, den Mond etc. Das galt aber auch noch lange Zeit während des Mittelalters, ja teilweise heute noch, denken wir in unserem Alltag nur an die immer noch weit verbreitete Astrologie oder andere sogenannte esoterische Auffassungen, die wir „Aufgeklärten" ja nun heute zu Recht doch als „Spinnerei" zu bezeichnen pflegen, wiewohl in diesen Auffassungen eine Menge magisches Denken am Werke ist, ein „Denken", das wir als Kinder allerdings alle hatten und haben!

Nehmen wir noch ein ganz anderes Beispiel aus einem ganz anderen Kulturkreis: Die gläubigen Hindus baden jedes Jahr im für sie „heiligen Fluss" Ganges, um sich „reinzuwaschen" – von „was" auch immer?!! – ein Ritual, das ja auch in anderen Kulturen recht bekannt ist, nicht zuletzt als die „Taufe" im christlich-jüdischen Kulturkreis. Johannes der „Täufer" taufte im „heiligen Fluss" Jordan, wie im Neuen Testament beschrieben, nicht zuletzt auch Jesus. Die heutige gängige christliche Taufe ist eine Fortsetzung dieses jüdischen Rituals: „Wasser reinigt".

Im indischen Kulturkreis gilt das Baden im Ganges als reinigend – so sagen die Hindu-Götter. Ist aber einem dieser religiös kulturelle Hintergrund nicht zu eigen, so wird der Fluss Ganges als eine – heute mehr denn

5 Popper, Karl R.: Logik der Forschung. S. 31. Anm. 1.

je – ziemlich „dreckige Brühe“ wahrgenommen! Dazu sei noch ein anderes Beispiel aus der Hindu-Religion hinzugefügt: In dieser sind nicht nur die sprichwörtlichen „Heiligen Kühe“ heilig, sondern auch die Affen und sogar die Ratten sind heilige Tiere. Hat man aber auch hier diesen jahrtausendealten religiös-kulturellen Hintergrund nicht, so sehen wir, also zum Beispiel die Europäer, die Ratten eben viel eher als „ekelerregende Tiere“!

Demgegenüber betonen wir nun heutzutage mit Recht: Wir wissen, dass der Wald, das Meer, die Flüsse, die Tiere, nicht von irgendwelchen Naturgöttern, sondern von Naturgesetzen eigener Art gelenkt und beherrscht werden, die wir in Biologie, Geologie, Ozeanographie, Astronomie, Physik, Chemie etc. zum Gegenstand der wissenschaftlichen Forschung machen.

Was also ist dann empirisch? Nicht einfach das, was wir mit den Sinnen erfassen, sondern ein recht komplexer Vorgang/ein Zusammenspiel von sinnlichem Wahrnehmen, von Phantasien, Affekten, von Erinnerungen und (anschaulichen) Vorstellungen und schließlich auch von den sogenannten rationalen Denkvorgängen. Aus diesem Grunde weist Freud mit seiner Redewendung vom seelischen Leben als einem ständigen „Kräftespiel“ von stets entgegengesetzten mannigfachen seelischen Regungen mit Nachdruck und häufiger darauf hin, dass es bei unserer empirischen sinnlichen Erfahrung unserer Welt und Wirklichkeit stets um ein Zusammenspiel vielfältiger seelischer Regungen und Erkenntnisformen geht. Ähnliche Gedankengänge finden sich auch bei Nietzsche oder Dilthey.

In der sogenannten „akademischen Psychologie“ ist dieses Phänomen ja schon lange bekannt und firmiert unter dem Titel „selektive Wahrnehmung“, heute würde man allerdings eher von „Bestätigungsfehler“ sprechen. Mit solchen Kennzeichnungen ist das Phänomen aber bestenfalls nur benannt, erklärt aber so gut wie noch gar nichts, denn man müsste ja eigentlich und konsequenterweise weiter fragen: Wer oder was selektiert denn bei diesem Vorgang der Wahrnehmung? Ist denn nicht unsere Wahrnehmung doch eigentlich objektiv – wie eben ein Fotoapparat? Streng genommen ist dieser, „der“ Fotoapparat auch nicht *schlechthin* objektiv, denn „er“ macht Bilder schon unter einem bestimmten Blickwinkel! Also: Wer oder was selektiert? Alfred Adler spricht deshalb in Bezug auf Wahrnehmung und Erinnerung – in Anlehnung an Nietzsche – von „tendenziöser Apperzeption“ bei der Kennzeichnung desselben Phänomens. Das will schon eher besagen: Da ist eine seelische Tendenz in uns, die die (sinnliche) Wahrnehmung mindestens mitbestimmt.

Das soll an einem kurzen Beispiel veranschaulicht werden: Wenn wir einem Nachbarn, einer Nachbarin, den/die wir ansonsten kaum kennen, aus irgendeinem Grund recht neidisch gegenüberstehen, werden wir ihn/sie – im wahrsten Sinne des Wortes – mit anderen Augen sehen, als wenn wir freundlich neutral ihm/ihr gegenüberstehen. Oder wenn wir meinen, betrogen worden zu sein, werden wir den Betrüger in ziemlich „schlechtem Licht sehen". Löst sich der Betrug aber so auf, dass deutlich wird: ‚Wir haben uns geirrt, es war gar kein Betrug!', wird der vermeintliche Betrüger wiederum anders wahrgenommen/eingeschätzt. Als Betrüger sehen wir ihn/sie noch zornerfüllt und tiefschwarz und böse. Löst sich der Betrug auf, so sehen wir ihn/sie doch wieder „wahr" als ehrliche Haut, als rein oder weiß gewaschen.

Mit anderen Worten: Unsere Affekte bestimmen sehr stark unsere vermeintlich objektive Wahrnehmung mit. Ein sattsam bekanntes anderes Beispiel: Sind wir verliebt, sehen wir zunächst jedenfalls – nur die „idealen Seiten", wir „sehen" ihn/sie in „rosigem Licht" beziehungsweise durch die „rosarote Brille". Werden wir dann aber herbe beziehungsweise noch schlimmer böse enttäuscht, ist es (er/sie) ein „Sch...typ". Das trifft auch oft genug bei scheinbar einfachen und wiederum vermeintlich objektiven Wahrnehmungsvorgängen zu: Wenn wir für unsere Wohnung einen neuen Vorhang aussuchen und dabei eine bestimmte Farbe „im Kopf" favorisieren und nun in einem entsprechenden Möbelhaus uns eine Reihe von Beispielen für Vorhänge zeigen lassen, nehmen wir je mit wechselnder Stimmung dasselbe sinnliche Angebot eines Vorhangs nach zehn Minuten ein Stück weit (vielleicht nur eine kleines Stück) anders wahr als zuvor: „Eben schien mir es noch bläulich-grünlich ... zeigen Sie (also der Verkäufer) das oder jenes ‚Stück' doch noch einmal ..." Der bekannte Loriot macht in manchen seiner Sketche humorvollen Gebrauch von diesen sinnlich-seelischen (Vor)-Einstellungen.

Zum Schluss also nochmals die Frage: Was ist denn nun empirisch? – Antwort, so wie wir sie jetzt geben können: ein recht kompliziertes Zusammenspiel von sinnlichen (optischen, akustischen etc.) Wahrnehmungen und Empfindungen und Vorstellungen auf dem Hintergrund von (mehr oder weniger unreflektierten) „Welt"-Anschauungen (dieser Begriff ganz wörtlich genommen: Anschauungen „der" Welt) und mehr oder weniger reflektierten Theorien – Theorien, die zum Teil dann schon wieder den Charakter einer Alltags-Selbstverständlichkeit gewonnen haben wie die Gravitationstheorie Newtons oder das heliozentrische Weltbild eines Kopernikus und Galilei.

2.

All diese Überlegungen aber haben sich mehr oder weniger seit Jahrzehnten oder auch seit Jahrhunderten im Rahmen der naturwissenschaftlichen Forschung vollzogen. Sie sind – nicht zuletzt an den Universitäten Standard für wissenschaftliche Forschung ganz allgemein geworden: Ein Physiker, Chemiker, Biologe, Mathematiker etc. braucht sich heute selbstverständlich in keiner Weise mehr zu legitimieren für das, was er im Rahmen seiner Forschung an der Universität oder in sonstigen Forschungsinstitutionen und Laboratorien macht! Für Physiker, Chemiker, Mathematiker ist es völlig unstrittig: Was in diesen Wissensgebieten getan und erforscht wird, ist erwiesenermaßen: Wissenschaft – es sei denn man hängt auch bei physikalischen oder chemischen oder chemobiologischen Geschehnissen irgendwelchen esoterischen „Gedanken“-gebilden an.

Teil III: Wissenschaft und Forschung in den Kulturwissenschaften.

Speziell mit der Frage: Ist damit auch die Psychologie und Psychoanalyse Wissenschaft?

I.

Wie aber steht es dann mit den Wissenschaften, die man spätestens im Laufe des 19. Jahrhunderts mit Schleiermacher, Dilthey und anderen *die* „Geistes- oder Kulturwissenschaften" genannt hat: die Geschichtswissenschaften, die Literaturwissenschaften, die Sozialwissenschaften, die Sprachwissenschaften etc.? Hier gibt es keine Laboratorien, keine eindeutig quantifizierbaren Kausalzusammenhänge, keine Experimente, schon gar nicht mit isolierbaren unabhängigen und abhängigen Variablen, keine mathematisch formulierbaren Funktionsgleichungen. Dies führte dazu, dass die „Hardliner" unter den Vertretern eines naturwissenschaftlichen Wissenschaftsbegriffs, diesen „altehrwürdigen" Kultur- und Geisteswissenschaften – streng genommen – den Charakter der Wissenschaftlichkeit abgesprochen haben. Dies geschah nicht zuletzt aufgrund der enormen und beeindruckenden Fortschritte der Naturwissenschaften des 18ten und 19ten Jahrhunderts bis heute, die unser Leben bis tief in den Alltag beeinflusst und bestimmt haben und zunehmend bestimmen.

Von diesem Standpunkt der Hardliner aus führen die Kultur- und Geisteswissenschaften bestenfalls – so hieß es – zu „Plausibilitäten", aber nicht zu Gesetzeserkenntnissen im strengen Sinne. Dazu darf zum Beispiel der nicht so sonderlich bekanntgewordene, aber zeitweise recht einflussreiche Wolfgang Stegmüller teilweise wörtlich zitiert werden: Die geisteswissenschaftlichen Phänomene würden durch eine solche (verstehende) „Methode ... in suggestiver Weise ... sehr plausibel", aber ihr prognostischer Erklärungswert sei nichtsdestotrotz „völlig unzulänglich". Vielmehr seien – um zu brauchbaren Erklärungen zu gelangen – stets objektive Tests nötig. Die „sogenannte Methode des Verstehens" könne infolge dessen kein wissenschaftliches „Verifikationsverfahren“ sein, sie bleibe stets „subjektiv, individuell und intuitiv“.[6] Zu einem guten Teil äußert sich ähnlich Karl R. Popper. Popper hat schon vor langer Zeit der Psychoanalyse jeglichen Charakter von Wissenschaftlichkeit abgesprochen.[7]

2.

Und damit sind wir auch schon bei der Frage: Wie stand es denn damals – also im Verlaufe des 19. Jahrhunderts und anhaltend bis heute – mit solchen Wissenschaften wie der Geschichtswissenschaft, der Literatur- und Sprachwissenschaft, der Soziologie, der Pädagogik und nicht zuletzt der Psychologie? Hier waren die Auffassungen von Beginn an geteilt: Ein kleinerer Teil , „die Psychiker“ genannt, war der Auffassung, dass das menschliche Erleben und Verhalten den eigentlichen Gegenstand der wissenschaftlichen Psychologie ausmache (Schleiermacher, Dilthey, Nietzsche), ein anderer Teil, „die Organiker“, war der Auffassung, dass die menschliche Seele ein Geflecht von letztlich doch nur körperlichen Gegebenheiten darstelle und dass man deshalb dieses körperliche Geflecht genauso erforschen könne und solle, wie andere Körper auch: Das heißt also „Psychophysik“ betreiben (Weber/Fechner und andere).

Jedenfalls richtete Wilhelm Wundt als führender Vertreter einer naturwissenschaftlichen Auffassung von Psychologie an der Universität in Leipzig schon zu Beginn der sechziger Jahre des 19. Jahrhunderts ein eigens für psychologische, besser gesagt sinnesphysiologische Zwecke und Experimente hergestelltes Labor ein, indem beispielsweise Reiz- und Reaktionsvorgänge gemessen wurden, vornehmlich im Bereich der Sinnespsychologie oder eben eindeutiger gesagt: der „Sinnesphysiologie“. Das bereits von ihm in den 60er Jahren des 19.Jahrhunderts verfasste Lehrbuch, das weite Verbreitung und hohe Auflagen erzielte, hieß deshalb konsequenterweise auch „Lehrbuch der physiologischen Psychologie“ [sic!].

Im weiteren Verlauf wurde die Auffassung immer nachhaltiger vertreten, dass letztlich doch nur das als „Strenge Wissenschaft“ (Husserl) in der Psychologie anerkannt werden könne, was mehr oder weniger eindeutig – inhaltlich wie methodisch wie verfahrenstechnisch – nach Vorgabe und

---

6 Stegmüller, Wolfgang: Probleme und Resultate der Wissenschaftstheorie und analytischen Philosophie. Berlin: 1983. S. 417 ff. und S. 427.

7 Popper, Karl R.: Logik der Forschung. Tübingen 1971. S. 47 ff.

Maßgabe der bis dahin bekannten Naturwissenschaften (klassische Mechanik, Thermo- und Elektro-Dynamik) vorgehen würde.

Eine solche wissenschaftstheoretische Einstellung führte in den letzten Jahrzehnten auch im traditionellen Bereich der Literaturwissenschaft dazu, dass manche Vertreter dieser Wissenschaft die Auffassung proklamierten, die Literaturwissenschaft könne nur dann als Wissenschaft anerkannt werden, wenn sie ein linguistisch-sprachwissenschaftliches Fundament erhalten würde, eine Sprachwissenschaft, die sich auch nahezu in der Art mathematischer Formeln ausdrücken ließe: der sogenannte „linguistic-turn“.[8]

3.

Bevor nun einige Überlegungen über Gegenstand, Methode und Verfahren in der wissenschaftlichen Psychologie und Psychotherapie sich anschließen, sollen vorweg noch einige Bemerkungen zu dem Wissenschaftscharakter der Geistes- und Kulturwissenschaften ganz allgemein gemacht werden: Sie firmierten lange Zeit (zum Teil auch heute noch) unter dem Titel: „hermeneutische Wissenschaften“ oder Wissenschaften – eben nicht des „kausalen Erklärens“, sondern des „hermeneutischen Verstehens“. Unter diesen Termini kam es nämlich dann in den dreißiger und vierziger und den folgenden Jahren des vorigen Jahrhunderts zu einer endlos langen Debatte unter dem Titel: „Die Erklären-Verstehen-Kontroverse“. Diese Kontroverse soll nun insbesondere anhand von Diltheys philosophischen und psychologischen Erwägungen und in gebotener Kürze in Grundzügen nochmals aufgegriffen werden. Es hatte sich bereits zu Diltheys Zeiten das Vor-Urteil ergeben, dass sich vor allem bei denjenigen, die „streng“ am Ideal einer Kausalerklärung als einziger legitimer wissenschaftlicher Vorgehensweise festhielten, wie sie sich mit Beginn der klassischen Mechanik und erst recht im Verlaufe des 19ten und frühen 20ten Jahrhunderts etabliert hatte, dass eine wissenschaftliche Methode, die sich an „Verstehen“ und „Einfühlung“ orientierte, diese bestenfalls „subjektive Auslegungssache“ sei.

---

[8] Vgl. den „frühen“ Ludwig Wittgenstein, Werner Strube, Jaques Derrida.

Mit den Schlüsselworten: „Erklären vs. Verstehen" ist nun schon programmatisch das Wesentliche überschrieben. Dazu – sozusagen schlagwortartig – ein Zitat von Dilthey: „Die Natur erklären wir, das Seelenleben verstehen wir".[9] Diese Debatte über *das* Verstehen ist auch im Rahmen der Psychoanalyse relevant geworden, insofern Psychoanalytiker zu einem gewissen Anteil davon ausgehen, dass die Psychoanalyse eher zu den Geisteswissenschaften als zu den Naturwissenschaften zu rechnen ist – eine Position, die für sich schon nicht unumstritten war. So war der sehr einflussreiche Heinz Hartmann zum Beispiel eindeutig der Auffassung, dass die Psychoanalyse unbestritten eine Naturwissenschaft sei (vgl. auch weiter unten).

Nur nebenbei sei noch erwähnt: Dilthey und andere Philosophen und Psychologen gerieten damit allerdings sehr schnell in den Verdacht, sogenannten „Psychologismus" zu betreiben: Also alles an gegebener Wirklichkeit, was für den Menschen erkennbar sei, auch die Physik und gar die Mathematik, sei in seinen Grundlagen letztlich nur auf das psychologische Bewusstsein zurückzuführen, also auf einen Vorgang, der sich nur „in unseren Köpfen" abspielen würde. Seit dieser Zeit sind heutzutage viele Philosophen und Wissenschaftstheoretiker auf die Psychologie insgesamt „nicht gut zu sprechen"! Darüber hinaus wurde auch ganz generell der Einwand erhoben: Wenn wir versuchen, das (innere) Seelenleben und Erleben zu verstehen, ist dies eben *stets* subjektiv. Nicht zuletzt ist es und bleibt es dabei auch stets abhängig von der – später mit Jaspers sogenannten – „Empathie", also der Feinfühligkeit oder Sensibilität des je einzelnen Interpreten, die eben subjektiv und individuell sehr unterschiedlich ausgeprägt sein kann, keinesfalls regelgeleitet ist, was somit dann bedeutet: nicht für jedermann zu jeder Zeit gültig, also nicht allgemeingültig, sondern eben bestenfalls „plausibel", und das heißt wissenschaftlich nicht überprüfbar und das heißt eben: Die Geistes- und Kulturwissenschaften können generell nicht als Wissenschaft anerkannt werden. In diesem Zusammenhang wurden auch das Bemühen um das Verstehen des seelischen Lebens von psychoanalytischer Seite oftmals spöttisch bis polemisch als „Deuterologie"/„Deuteritis" abgetan, was in dieser Form natürlich und offiziell nicht in den entsprechenden Lehrbüchern zu lesen ist.

---

9 Dilthey, Wilhelm: Ideen über eine beschreibende und zergliedernde Psychologie. Stuttgart/Göttingen 1956². In: Ders.: Gesammelte Werke. Bd. V. S. 144.

Wie also hat Dilthey sich eine solche wissenschaftliche Position der Geistes- und Kulturwissenschaften und damit auch der Psychologie und Pädagogik vorgestellt? Dilthey ging zunächst und ganz allgemein davon aus, dass uns die Vorgänge des Seelen(er)lebens von „innen", eben in unserem Erleben gegeben sind und nicht – wie die Gegenstände der Natur – durch die Sinne in unserer Außenwelt in Raum und Zeit.

Dilthey ging ferner davon aus, dass zum einen uns unser „inneres" Seelen(er)leben stets als fortlaufender Zusammenhang gegeben ist und *nicht* etwa als eine Summe von nacheinander erfolgenden Einzelerlebnissen, und dass zum anderen dieser Ablauf, der fortlaufende „Strom des Erlebens" – so wurde dieses Geschehen im 19ten Jahrhundert oftmals genannt – aber ein Vorgang ist, der nach eigenen, nicht kausalen Gesetzen reguliert ist. So wird ein Vorgang zeitweise etwa vorrangig *vor* allen anderen erlebt. Als Beispiel lässt sich anführen, dass ich jetzt, gerade in dieser bestimmten Zeitspanne, in aller Ruhe und genüsslich Frühstücken möchte. Oder um ein anderes Beispiel zu nennen, eine bestimmte Sendung im Fernsehen sehen, die mich besonders interessiert. Alles andere wird dann als störend empfunden und bleibt in dieser Zeit eben „Hintergrund", zum Beispiel die leise an das Ohr dringenden Straßengeräusche „draußen" oder „Hintergrundmusik" im Radio.

Dies ist ein spezifisches psycho-logisches Gesetz *im Ablauf* unseres Seelenlebens, was die spätere Gestaltpsychologie als „Figur-Grund-Prinzip", beziehungsweise als „Figur-Grund-*Gesetz*" herausgestellt hat: Etwas steht *immer und notwendig*, also unumgänglich *im Ablauf* unseres Seelenlebens im „Vordergrund", und alles andere ist dann zeitweise „Hintergrund" – dabei ist es zunächst einmal egal, *welcher Inhalt* jeweils „Vordergrund" und welcher „Hintergrund" ist: Entscheidend ist, dass *immer* etwas Vordergrund und etwas anderes Hintergrund ist. Was Vordergrund und was Hintergrund ist, kann durchaus wechseln: Etwas, was gerade noch Vordergrund war, wird alsbald Hintergrund und umgekehrt – wie das bei den sogenannten „Kippfiguren" geradezu sinnlich wahrnehmbar ist.[10]

---

10 Waldvogel, Bruno: Psychoanalyse und Gestaltpsychologie. Historische und theoretische Berührungspunkte. Stuttgart-Bad Cannstatt 1992, oder Escher, Maurits C.: Grafik und Zeichnungen. TASCHEN 2017. (Bekanntes Beispiel: „Rubinscher Becher").

Dilthey nennt noch weitere solche seelenspezifischen Gesetze: Es sei der Kürze halber nur noch ein weiteres herausgegriffen: *Jeder* Seelenvorgang entwickelt sich aus einem vorhergehenden seelischen Vorgang, bildet mit ihm also einen Zusammenhang. Der jeweilige Vorgang entwickelt sich in einem Aus-einander aus dem Vorhergehenden. Dies geschieht zwar in Übergängen, hat aber doch – vom Erleben her gesehen – eine Art Anfang: So setze ich mich nach allem anderen Vorhergehenden schließlich an den Frühstückstisch, habe mir den Kaffee auf- und eingeschüttet und beginne nun mit dem Frühstück. Ich lasse es mir dann schmecken, schaue interessiert in die Zeitung etc. und bin schließlich gestärkt und satt und bewege mich nun – wiederum in Übergängen – zu einer darauffolgenden anderen Handlung, zum Beispiel „die Post erledigen", einen Spaziergang unternehmen oder dergleichen. So ist *das* Frühstücken oder *der* Spaziergang in gewisser Weise eine für sich gegebene „Handlungseinheit", das heißt mit einer Art „Beginnen" und „Abschließen".

Und dies ist eben bei allen anderen Seelenvorgängen ebenfalls und notwendigerweise so: Die Erlebensgestalt „Frühstücken" beginnt in *abgehobener* Weise von etwas, was zuvor sich abspielte und endet auch wiederum in abgehobener „abgerundeter Form" – deutlich unterschieden von der „Erlebensform" zuvor: etwa der des „Aufstehens und der Morgentoilette" und der folgenden, etwa des „Einkaufens". Gestaltpsychologisch lässt sich dieses Gesetz als Gesetz der „(Ab)-Geschlossenheit" einer jeweiligen Erlebensgestalt bezeichnen. Und das anders formuliert, dass diese Erlebensverläufe nie in einer „zerstückten" Form geschehen, so als stehe die eine Erlebensform völlig abgelöst und je für sich von einer anderen folgenden, so wie im physischen Bereich ein Stuhl für sich neben einem Tisch für sich steht. Jeder Seelen(er)erlebensverlauf geschieht immer nur in Übergängen, nach dem Grundsatz von Karl Jaspers: „Wir erforschen, wie Seelisches *aus* Seelischem hervorgeht ...".[11]

Das lässt sich quasi auch experimentell belegen, indem man zum Beispiel Menschen zuhause beim Frühstücken beobachtet und beschreibt und diese anschließend in „Tiefeninterviews" zu ihrem Erleben und Handeln befragt. (Das wäre dann die zugehörige Verfahrenstechnik). Es zeigt sich dann: Das „Frühstücken" wird erlebt als beendet und es entwickelt sich

[11] Jaspers, Karl: Allgemeine Psychopathologie. Ein Leitfaden für Studierende, Ärzte und Psychologen. Berlin/Heidelberg/New York 1973, 9.Auflage. S. 250.

daraus eine weitere Erlebensgestalt: „Einkaufen" oder „Friseurbesuch" oder „Spaziergang" etc.

An dieser Stelle sei wie oben nochmals darauf hingewiesen, dass man, Dilthey zufolge, dem ich mich hier ausdrücklich anschließen möchte, sorgfältig zwischen Methode und Verfahren(s-technik) unterscheiden muss. Methode ist der Weg (griechisch met-hodos), *wie*, auf welchem Wege wir zur Kenntnis und Erkenntnis von Inhalten/Gegenständen der jeweiligen Wissenschaften gelangen können. Verfahrenstechniken sind die Mittel, die wir einsetzen können und oftmals auch müssen, um den Weg konkret beschreiten zu können. Methode wäre dann in der Naturwissenschaft der Versuch, kausale Zusammenhänge aufzudecken, da die Naturwissenschaften stets Gegenstände beziehungsweise Inhalte betrachten und erforschen, die kausal im obigen Sinne organisiert sind. Die Verfahrenstechnik wäre dann dementsprechend und beispielweise das Experiment im Labor.

Wissenschaftstheoretische Erörterungen sind von daher immer unter dreierlei Aspekten zu sehen: die beobachtete und zu beschreibende Bestimmung des zu erforschenden Gegenstandes, also der Inhalt, ferner die Methode, also der Weg, wie wir zur Erkenntnis des Gegenstandes, dem Inhalt, gelangen können und schließlich die Verfahrenstechnik, also welche Mittel wir konkret einsetzen können oder auch müssen, um diesen Weg erfolgreich zu beschreiten. Das sei an dieser Stelle so ausdrücklich betont, weil nach Auffassung des Verfassers, in wissenschaftlichen Erörterungen häufig Methode mit Verfahrenstechnik nahezu gleichgesetzt wird.

Gemäß der hier skizzierten wissenschaftstheoretischen Konzeption wäre zum Beispiel die Mathematik keine *Methode* der Naturwissenschaft. Die Methode der Naturwissenschaft ist vielmehr eine kausal-*analytische*, da eben die Inhalte der Naturwissenschaft physisch-materiell beobachtbare Vorgänge sind, die in einer *kausalen Relation* von Ursache und Wirkung zueinander stehen. Also muss die Methode eine *kausal-analytische* sein: „natura parendo vincitur".[12] – Die Natur erfassen wir, indem wir uns ihr anpassen, ihren Weg gehen. Das heißt unsere Methode muss dem Gegenstand gemäß oder angepasst sein. Die Mathematik wäre dann vielmehr eine Verfahrenstechnik, also wie wir die methodisch kausal-analytisch erfassten

[12] Dilthey, Wilhelm: Ideen über eine beschreibende und zergliedernde Psychologie. Stuttgart/Göttingen 1956². In: Ders.: Gesammelte Werke. Bd. V. S. 143.

Inhalte, nun optimal, also möglichst *exakt* unter Zuhilfenahme mathematischer Berechnungen als Gesetz formulieren können. Das geht allerdings und in der Tat in bestimmten Naturwissenschaften nicht immer oder nur sehr bedingt, so zum Beispiel in der Geologie und Geographie, in der Petrographie, in der Paläontologie etc.

Von daher sei nun die Frage der Wissenschaftlichkeit der Psychologie aufgegriffen: Unser Seelen(er)leben läuft nämlich durchaus regelgeleitet, also gesetzmäßig ab, oder ist *in sich* – wie Dilthey sich oft auch ausdrückt – strukturiert. Alle Seelenvorgänge sind „Strukturvorgänge". Wenn wir nun versuchen, diesen Seelenvorgängen wissenschaftlich empirisch „auf die Spur" zu kommen, so können wir diese eben nicht kausal erklären, sondern wir versuchen, die „Strukturabläufe" nachzuvollziehen, so wie wir sie ja aus unserem eigenen Erleben in seinem Ablauf ebenfalls kennen, und *das* heißt nach Dilthey: Wir versuchen diese zu „verstehen". „Verstehen" als Methode setzt also zunächst und immer eine „Sich-Selbst-Verstehen" voraus. Dieses „Sich-Selbst-Verstehen" ist eben nicht nur subjektive, mehr oder weniger vorhandene Begabung für feinfühlige Empathie, sondern durchaus ein Verstehen eigener Seelengesetzlichkeiten, nicht logischen, sondern eben psycho-logischen Gesetzen, also Gesetze wie die vorhin angesprochenen Gestaltgesetze, zum Beispiel das Gesetz von „Figur-Grund" beziehungsweise von „Vorder- und Hintergrund" oder das Gesetz von der „(relativen) Geschlossenheit" einer „Erlebenseinheit". Diese Gesetze, die von Dilthey schon als „elementar-logische Operationen" bezeichnet wurden, wurden von der späteren Ganzheits- und Gestaltpsychologie empirisch-phänomenologisch hunderte Male überprüft.

Diese Gesetze sind nun durchaus Gesetze im strengen Sinne des Wortes, eben wie auch Gesetze im Bereich der Naturwissenschaften: Wir können diese nicht unsererseits beliebig aufheben, also diese außer Kraft setzen: Das „Figur-Grund-Gesetz" können wir ebenso wenig per Willensentschluss aufheben wie die Gesetze der Gravitation. Sie bestehen, völlig unabhängig, ob wir diese nun befürworten, also ob sie uns zusagen respektive gefallen oder nicht. Sie sind allgemeingültig und notwendig – wenn man von der kleinen Einschränkung absieht, die man schon im 19. Jahrhundert aufgedeckt hat, dass auch die Gesetze in der Physik nur eine gewisse, wenn auch sehr hohe Wahrscheinlichkeit haben. Die Gesetze im Bereich der Naturwissenschaft können im Regelfall zwar auch in einer mathematischen Funktionsgleichung erfasst werden, aber dennoch sind sie nicht von der absoluten Notwendigkeit wie im Bereich der Mathematik selbst, da wir nicht *alle* nahezu unendlichen Möglichkeiten, die wir empirisch durch Beobachtung und Experiment erfassen, *vollständig* erfassen können – oder anders ausgedrückt: Eine vollständige Induktion ist im Bereich der Physik beziehungsweise auch aller anderen Naturwissenschaften *nicht* möglich.[13]

4.

Nun zum Abschluss noch einige Bemerkungen zum Wissenschaftscharakter der Psychoanalyse – aber durchaus auch in Anlehnung an Diltheys Überlegungen. Freud selbst hat ja keine eigenen Abhandlungen zur Wissenschaftstheorie verfasst: Hier muss man – etwas mühsam – von vielen verschiedenen, aber immer nur kurzen Ausführungen von seiner Seite ausgehen – verstreut über sein Gesamtwerk, so wäre hier zum Beispiel hinzuweisen auf seine beiden Aufsätzen: „Erinnern, Wiederholen, Durcharbeiten" (1914) sowie „Konstruktionen in der Analyse" (1937).[14]

Um vielleicht das Wichtigste zuerst zu sagen: Auch Freud spricht ausdrücklich von „Gesetzen [sic] des Unbewussten" und fügt hinzu, dass dies Gesetze eigener Art seien – vom streng logisch mathematischen Standpunkt aus gesehen – wie Freud betont ein „Reich der Unlogik", dass nämlich in unserem Seelenleben Widersprüchliches als gleichrangig nebeneinander bestehen kann, ja sogar im Regelfall ist es so: „Es ist wichtig, dass man rechtzeitig beginne, mit der Tatsache zu rechnen, das Seelenleben sei ein Kampf- und Tummelplatz entgegengesetzter Tendenzen, oder, nicht dynamisch ausgedrückt, es bestehe aus Widersprüchen und Gegensatzpaaren"![15]

Diese „Gesetze des Unbewussten" sind nun solche, wie man sie besonders am Traumerleben studieren kann: Verschieben, Verdichten, Verkehren, Spalten etc. – zu einem gut Teil gehören also auch dazu die Gesetze oder Regulierungen, die Freud zunächst allerdings noch nicht bei seinen Untersuchungen zu den Träumen, sondern erstmals bei den neurotischen

---

13 Baßler, Wolfgang: Ganzheit und Element. Göttingen: 1988. S. 42 ff.

14 Freud, Sigmund: Studienausgabe. Ergänzungsband. Schriften zur Behandlungstechnik. Frankfurt/Main: 1975. S. 205 ff. (1914) und S. 393 ff. (1937). Beide Aufsätze sind in der Studienausgabe gemeinsam ediert worden.

15 Freud, Sigmund: Studienausgabe. Band I. Vorlesungen zur Einführung in die Psychoanalyse. Frankfurt/Main: 1969. S. 95.

Erkrankungen festgestellt hatte und die er dann „Abwehrmechanismen" genannt hat – Mechanismen, die allzu intensive Triebforderungen abwehren und ins kulturell Akzeptierte umwandeln, also in diesem Sinne nicht nur etwas „abwehren". Und: Hier gilt das gleiche, was oben bzgl. der von Dilthey entdeckten und durch die Gestaltpsychologie später immer wieder auch bestätigten Gesetze unseres seelischen (Er-) Lebens festgestellt wurde: Wwir können diese „Gesetze des Unbewussten" nicht nach unserem Belieben außer Kraft setzen, dass wir zum Beispiel ab sofort beschließen, ab jetzt nicht mehr zu projizieren, (uns) nicht mehr zu identifizieren, nicht mehr zu „spalten", nicht mehr zu „verkehren" und zu „verschieben" etc.

Diese Gesetze sind jederzeit an uns selbst erfahrbar, sozusagen an sich und an uns selbst „evident", wir müssen uns dies „nur" an uns selbst klarmachen, wie wir ja ursprünglich auch erst entdecken mussten, dass die Bewegungen in der Natur nicht von Göttern gelenkt werden, sondern aus der Natur selbst hervorgehen und an ihr gleichsam „abzulesen" sind. Betrachten wir in dieser Weise die „Bewegungen" unseres Seelenlebens, so erfahren und erfassen wir, dass wir uns beständig mit etwas („außerhalb") unserer selbst identifizieren, etwas in uns abspalten, also etwas „Böses" „in uns" nicht wahrhaben wollen und es „woanders unterbringen" möchten, bei anderen Menschen oder Tieren, die uns Leiden und Schmerzen bringen oder die uns in unserem elementaren Bestreben nach Erfüllung unserer Bedürfnisse stören, sodass wir „das" sogenannte Böse in diese projizieren oder es unter Umständen sogar als „Teufel" in der Hölle personifizieren. Wir können damit gar nicht anders (v)erfahren – machen uns das für gewöhnlich aber nicht bewusst.

Aber diese Gesetze der Strukturierung und Gestaltung und Organisation unseres Seelenlebens sind genau solche Gesetze von Notwendigkeit und Allgemeingültigkeit wie in der Physik, die wir diese zu jeder Zeit und an jedem Ort *an uns* selbst erfahren können, wenn wir den Blick darauf richten. Es sind dies Gesetze, wie sie eben von Dilthey und wenig später auch von der Gestaltpsychologie entdeckt, erforscht und bearbeitet worden waren. So erfahren wir auch an uns selbst ein Grundgesetz unserer seelischen Entwicklung, dass wir als Kinder, vor allem als kleine Kinder noch recht hilflos und abhängig sind, was nach Alfred Adler die Grundlage eines quasi naturhaft mitgegebenen Minderwertigkeitsempfindens ist. Diese Tatsache ist ebenfalls nicht gegeben wie eine Kausalabfolge in der

Physik und infolgedessen im Sinne Poppers auch nicht falsifizierbar, aber für jeden Menschen sozusagen unmittelbar empirisch erfahrbar.

Wollen wir also auch hier den Seelenvorgängen, insbesondere denen des „Reiches des Unbewussten“ näherkommen, so müssen wir diese, unser Seelenleben regulierenden Gesetze, kennen- und verstehen lernen, nicht zuletzt eben und vor allem an uns selbst. Deshalb hat Freud auch schon sehr bald gefordert, dass diejenigen, die das Seelenleben verstehen wollen, unter Anleitung eine „Selbsterfahrung“ zu absolvieren haben, von Freud „Lehranalyse“ genannt.

Wenn wir diese Gesetze seelischen Ablaufs und seelischer Organisation beziehungsweise Strukturierung an uns selbst erfahren und verstehen, dann können wir sie auch an fremdem Seelenleben verstehen und erschließen lernen, und zwar aus den Geschichten, die uns die Patienten erzählen, sowie aus den Träumen – nach Freud die „via regia“ ins Unbewusste – und/oder aus den „freien Assoziationen“ und/oder eben aus dem Alltagsgeschehen, auch wenn dies scheinbar Banales enthält. Dies gilt nach Freud auch nochmal besonders für die Erfahrungen aus den frühen Kindheitserfahrungen: den „Kindheitsgeschichten und Erinnerungen“. Wir verstehen dann, „*wie* Seelisches aus anderem, vorhergehendem Seelischem ebenso unumgänglich und streng folgend hervorgeht“ – so sinngemäß nochmal Karl Jaspers zitiert. Dieses seelische Geschehen geschieht eben nicht willkürlich und zufällig, sondern gemäß strengen und notwendigen Gesetzen des Erlebens, der Seelenorganisation oder auch Seelenstruktur als einer *Aus*-einanderfolge nach Gesetzen, so, wie die Naturgesetze Gesetze der kausalen *Auf*-einanderfolge im Bereich der Naturvorgänge sind.

Es sind eben die *Gesetze*, die das Seelenleben „organisieren“, hin zu einer Struktur beziehungsweise Gesetze, die den Ablauf eines „gegliederten Zusammenhangs“ erst konstituieren beziehungsweise auf- und ausbauen und damit durchgliedern. So wie Dilthey und Freud dies wissenschaftsmethodisch in ähnlicher Weise sehen. Den lateinischen Begriff „structura“ (griechisch gleichbedeutend: mit „system“) könnte man im Deutschen auch übersetzen mit „gegliederter oder durchgliederter Aufbau“. Es sind dies Gesetze, die uns erfassen lassen, wie die *Aus*-einanderfolgen in den seelischen Vorgängen des Erlebens sich organisieren, *wie* und *dass* zum Beispiel aus (zu viel) „Wohltat Plage“ (Goethe, Mephistopheles) wird, dass also etwas, was zunächst als schön und wohltuend erlebt wird, bei einem qualitativ erlebten „Zuviel" umschlägt ins Gegenteil, etwa wenn wir zu viel „Salz" in die Suppe tun. Ein solcher Umschlag ins Gegenteil wurde von Freud als das Gesetz der „Verkehrung ins Gegenteil" benannt.

Wenn man also die „Methode des Verstehens" als eine wissenschaftlich legitimierte anerkannt wissen will, so muss man meines Erachtens nachweisen, dass diese Methode nicht etwas ist, was weitgehend und/oder bloß nach subjektivem Gefühl mal so und mal so oder so etc. sich vollzieht, sondern dass diese Methode in der psychoanalytischen Psychologie unbedingt für sich beanspruchen kann, nach Regeln/Gesetzen sich zu vollziehen, die allgemeingültig sind, also für jedes Seelenleben zutreffen, ob jemand nun aus Indien oder Japan stammt, aus Kanada, aus Oberbayern oder aus Düsseldorf: Wir identifizieren uns, projizieren, verkehren, verschieben, spalten etc.

Diese Vorgänge sind – wie Freud selbst ja ausdrücklich vermerkt hat: „*Gesetze* des Unbewussten", die eben universal für *jedes* Seelenleben gelten, durchaus vergleichbar den Naturgesetzen, die von universaler Gültigkeit sind: Die Gravitationsgesetze zum Beispiel sind ebenfalls in Kanada wie in Japan wie in Oberbayern und unserer derzeitigen Kenntnis nach im Ganzen uns bisher bekannten Weltall die gleichen und daher eben allgemeingültig.

Hinweise auf weiterführende Literatur:

Adorno, Theodor W. und Popper, Karl R.: Der Positivismusstreit in der deutschen Soziologie. Darmstadt: 1978

Baßler, Wolfgang: Von Freud zu Freud – Von damals bis heute. Würzburg: 2013

Laskowski (Hrsg. unter Mitarbeit zahlreicher Fachgelehrter): Geistes- und Naturwissenschaft. Berlin: 1970

Rath, Norbert: Biografisches Verstehen bei Freud. Gießen: 2016

Straus, Erwin: Vom Sinn der Sinne. Berlin: 1956

Ströker, Elisabeth: Einführung in die Wissenschaftstheorie. Darmstadt: 1973

Strube, Werner: Sprachanalytische Ästhetik. München: 1983

Volker Ladenthin

Zur Praxis pädagogischer empirischer Forschung

Eine Studie.

Das Wort *Praxis* in der Überschrift dieser Studie wird im üblichen philosophischen Sinn verwandt als Begriff „der praktischen Philosophie“ in „Abgrenzung zur theoretischen Philosophie“[1]. Es geht nicht um die Frage allein, was „pädagogische Empirie“ *ist*, sondern auch um die Frage, wie mit ihr *sinnvoll umgegangen werden soll.* Die vorliegende *Studie* hat das Ziel, Themenschwerpunkte und Forschungsfelder auszuweisen, die bearbeitet werden müssen, um zu gewährleisten, dass die empirische Methode in der Pädagogik so angewandt wird, dass die Pädagogik und die gesamte Gesellschaft (nicht nur Teile der Gesellschaft) hiervon Nutzen haben. Aus diesem Interesse erklärt sich der Ausdruck „Studie“.

Es wird für die nachstehende Studie vorausgesetzt, dass *Pädagogik* notwendig ist, weil eine Gesellschaft ohne pädagogisches Wissen und ohne eine aus diesem Wissen gestaltete Praxis sich nicht am Leben unter menschenwürdigen Bedingungen erhalten kann. In dieser Studie, soll versucht werden, (unter Rückgriff auf einschlägige Literatur) (1) Geschichte und (2) Geltungsanspruch der pädagogischen Empirie, ihre (3) Ökonomie, (4) Soziologie. (5) Politik, (6) Psychologie und schließlich (7) Ethik zu thematisieren. Dass es sich – bezogen auf den Umfang des Unterfangens – um eine Studie, also einen Aufriss handelt, ist offenbar.

---

1 Wildfeuer, *Praxis*, 1775.

I. Bemerkungen zu Geschichte der empirischen Forschung in der Pädagogik

Folgt man gängigen aktuellen Handbüchern, so wird der pädagogischen Empirie zwar „eine lange Tradition“[2] zugestanden – diese allerdings zuweilen erst mit dem Wirken E. Ch. Trapps (1745-1818) angesetzt. Eine solche Datierung (wie jede andere auch) verkennt den Anspruch der Pädagogik, wie er sich schon in den ersten schriftlich überlieferten Dokumenten niedergeschlagen hat – den Anspruch nämlich, *Reflexionen für das Handeln* zu geben. Da das Handeln aber in einer Wirklichkeit stattfindet, ist schon aus systematischen Gründen zu vermuten, dass von Anfang aller pädagogischen Reflexion an empirische Erkenntnisse für die und in der Pädagogik gewonnen und genutzt wurden. Zwar mögen sich die Methoden der Empirie im Laufe der Geschichte verändert haben; nicht aber hat sich verändert der Anspruch der Pädagogik, Handlungstheorie zu sein, also mit (empirisch wahrnehmbarer) „Wirklichkeit“ umzugehen.

Die Geschichte der Pädagogik bestätigt diese Vermutung in umfassender Weise: Außerhalb von fiktionalen Texten[3] (die ja schon immer eine Erziehungs*praxis* referierten und gestalteten – und selbst Erziehungspraxis und sogar Erziehungswirklichkeit sind[4]) zeigen etwa die „Historien“ Herodots (ca. 490-422), dass Wissen über Erziehungspraxis anderer Länder systematisch und methodisch kontrolliert gesammelt wurde: „Was ich bisher erzählt habe, beruht auf eigener Anschauung oder eigenem Urteil oder eigenen Erkundigungen.“[5] Auch wurde bei *Herodot* eine besondere Methode der Empirie Gegenstand des Berichts: Das Experiment. So berichtet Herodot, wie der Pharao Psammetichos (664-610 v. Chr.) Kinder von ihrer sozialen Umwelt isolierte, um herauszufinden, welches die Ursprache des Menschen sei, damit so das älteste Volk (und seine legitime Herrschaft) begründet werden könnten.[6] Das von Hirten (wortlos) versorgte Kind gab

---

2 Merkens, *Empirische Pädagogik*, 182.

3 Vgl. das Kapitel „Homer als Erzieher“ in: Jaeger, *Paiedeia*, 376: „Homer ist für die Sophisten eine Enzyklopädie alles menschlichen Wissens...“ – also auch für erziehungspraktische Fragen (ebd., 376.)

4 Vgl. etwa zur pädagogischen Funktion des antiken Theaters die Theorie der Komödie als Verlachen menschlicher Schwächen.

5 Herodot, *Historien*, 140 (= II, 99).

6 Herodot, *Historien*, 99f. (= II, 2ff).

im zweiten Lebensjahr Laute von sich, die sich einer regional bekannten Sprache zuordnen ließen. Das Experiment, dessen Anlage und Ergebnis sorgfältig, d.h. unter Vergleich mehrerer Berichte, dokumentiert wird, wird hier als Hilfe für politische Normsetzungen genutzt. Über diesen Anlass hinaus lassen sich pädagogische Fragen formulieren: Reicht eine rein körperliche Versorgung aus, um Kinder großzuziehen? Ist die erste Sprache, die so gefunden wird, richtig zugeordnet (kann also die Natur Maßgabe für den Umgang mit natürlichen Anlagen sein?) oder war es Zufall? Der Empiriker Herodot enthält sich jeglicher Antworten. Sie sind aber Anlass für pädagogische Reflexion (z. B. in Platons „Höhlengleichnis") – wie spätere Autoren angesichts von empirischer Erfahrung und Experiment argumentieren: „Die Tugenden entstehen in uns also weder von Natur noch gegen die Natur. Wir sind vielmehr von Natur dazu gebildet, sie aufzunehmen, aber vollendet werden sie durch die Bildung."[7]

Weitere wesentliche Formen *empirischer* Forschung in der Pädagogik haben sich in der Antike herausgebildet: So schreibt *Xenophon* (ca. 430-355) eine Biografie über den Philosophen Sokrates nicht in der Absicht, zufällige Begebenheiten eines Prominenten für die Nachwelt zu sammeln, sondern um aus der Beschreibung eines erfolgreichen Lehrens *Regeln für erfolgreiche Lehre* abzuleiten: „Wie (Sokrates) (...) nun nach meiner Meinung seine Freunde auch förderte, einmal indem er durch sein Verhalten ein Beispiel gab, wie er selbst war, und andererseits indem er mit ihnen sich unterredete, davon will ich jetzt schreiben, soweit ich mich erinnern kann."[8] Platon (ca. 428-347) illustriert seine pädagogischen Konzepte (vertreten durch die Person des Sokrates) mit Beispielen aus dem Alltag: und vermag so angemessenes und unangemessenes Verhalten im pädagogischen Umgang mit Kindern zu beschreiben: „Wenn deine Söhne (...) Füllen oder Kälber wären, wüßten wir wohl einen Aufseher für sie zu finden (...), der sie gut und tüchtig machen würde in der ihnen angemessenen Tugend, es würde nämlich ein Zureiter sein oder ein Landmann: nun sie aber Menschen sind, was für einen Aufseher bist du gesonnen ihnen zu geben? Wer

7 Aristoteles, *Nikomachische Ethik* 1103a. Aristoteles kannte Herodot und seine Bedeutung für die Empirie: Es sei „nicht die Aufgabe des Dichters, das, was wirklich geschehen ist, zu erzählen". Dies sei die Aufgabe der Geschichtsschreiber – und man könne „das Werk des Herodot in Verse umsetzen und trotzdem bliebe es ein Geschichtswerk" – also empirisch. Aristoteles, *Poetik*, 350.

8 Xenophon, *Erinnerungen an Sokrates*, 47 (= I,3).

ist wohl in dieser menschlichen und bürgerlichen Tugend ein Sachverständiger? (...) (I)ch aber verstehe es [diese Art der Lehre] eben nicht (...). Ich habe nämlich (...) durch nichts anderes als durch eine gewisse Weisheit diesen Namen erlangt. Durch was für eine Weisheit aber? Die eben vielleicht die menschliche Weisheit ist. Denn ich mag in der Tat wohl in dieser weise sein; jene aber, deren ich eben erwähnt, sind vielleicht weise in einer Weisheit, die nicht dem Menschen angemessen ist."[9] *Aristoteles* (384-322) verortet seine pädagogischen Überlegungen als Teil seiner Schriften zur *Politik*, die er wiederum der praktischen Philosophie zuordnet – also der Reflexion von Praxis. Pädagogik – Politik und Ethik – richten sich auf Handlungsherausforderungen des Menschen, kommen also gar nicht ohne Zurkenntnisnahme der Wirklichkeit (mithin Empirie) aus (so ist sein Buch über den „Staat der Athener" eine der umfangreichsten empirischen Studien über die politische Wirklichkeit der Antike) – und so argumentiert er auch empirisch: „Allein diese Ansicht ist nicht nur durch Vernunftgründe leicht zu widerlegen, sondern auch durch die Tatsachen jetzt bereits widerlegt worden"[10].

Weiterhin behandeln pädagogische Fragen auf empirische Art die zeitgenössischen Rhetoriken, sei es jene des Aristoteles oder jene Quintillians (35-96)[11]. In ihnen hat man „von der empirischen Beobachtung (...) nach und nach allgemeine Regeln abgleitet"[12]. Die weitere Geschichte der pädagogischen Empirie nachzuverfolgen wäre ein eigenes Forschungsprogramm. Eine solche Geschichte wäre sinnvoll, weil sie Erfahrungen im Umgang mit Empirie sichern würde.

Mit der Aufklärung wird die (pädagogische) Empirie durch Hinzuziehung mathematischer und rein quantitativer Verfahren erweitert:

> „Ich behaupte aber, daß in jeder besonderen Naturlehre nur so viel *eigentliche* Wissenschaft angetroffen werden könne, als darin *Mathematik* anzutreffen ist. Denn nach dem Vorhergehenden erfordert eigentliche Wissenschaft, vornehmlich der Natur, einen reinen Teil, der dem empirischen zum Grunde liegt, und der auf Erkenntnis der Naturdinge a priori beruht. Nun heißt etwas a priori erkennen es aus seiner bloßen Möglichkeit erkennen. Die Möglichkeit bestimmter Naturdinge kann aber nicht aus ihren bloßen Begriffen

9 Platon, *Des Sokrates Verteidigung*, 11f. (= 20 b ff).
10 Aristoteles, *Politik*, 257 (= 1333 b 15).
11 Rahn (Hg.), *Marcus Fabius Quintilianus: Ausbildung des Redners.*
12 Marrou, *Geschichte der Erziehung im klassischen Altertum*, 84.

> erkannt werden; denn aus diesen kann zwar die Möglichkeit des Gedankens (daß er sich selbst nicht widerspreche), aber nicht des Objekts, als Naturdinges erkannt werden, welches außer dem Gedanken (als existierend) gegeben werden kann. Also wird, um die Möglichkeit bestimmter Naturdinge, mithin um diese a priori zu erkennen, noch erfordert, daß die dem Begriffe korrespondierende *Anschauung* a priori gegeben werde, d.i. daß der Begriff konstruiert werde. Nun ist die Vernunfterkenntnis durch Konstruktion der Begriffe mathematisch. Also mag zwar eine reine Philosophie der Natur überhaupt, d.i. diejenige, die nur das, was den Begriff einer Natur im allgemeinen ausmacht, untersucht, auch ohne Mathematik möglich sein, aber eine reine Naturlehre über *bestimmte* Naturdinge (Körperlehre und Seelenlehre) ist nur vermittelst der Mathematik möglich, und, da in jeder Naturlehre nur so viel eigentliche Wissenschaft angetroffen wird, als sich darin Erkenntnis a priori befindet, so wird Naturlehre nur so viel eigentliche Wissenschaft enthalten, als Mathematik in ihr angewandt werden kann."[13]

Freilich geht es in diesen Überlegungen Kants um Erkenntnisse in der Natur. Die Voraussetzungen bei ihnen ist die Gleichförmigkeit des Gegenstandes, bzw. die Abwesenheit eines freien Willens der Gegenstände:

> „Damit aber die Anwendung der Mathematik auf die Körperlehre, die durch sie allein Naturwissenschaft werden kann, möglich werde, so müssen Prinzipien der *Konstruktion* der Begriffe, welche zur Möglichkeit der Materie überhaupt gehören, vorangeschickt werden; mithin wird eine vollständige Zergliederung des Begriffs von einer Materie überhaupt zum Grunde gelegt werden müssen, welches ein Geschäfte der reinen Philosophie ist, die zu dieser Absicht sich keiner besonderen Erfahrungen, sondern nur dessen, was sie im abgesonderten (obzwar an sich empirischen) Begriffe selbst antrifft, in Beziehung auf die reinen Anschauungen im Raume und der Zeit (nach Gesetzen, welche schon dem Begriffe der Natur überhaupt wesentlich anhängen) bedient, mithin eine wirkliche *Metaphysik der körperlichen Natur ist.*"[14]

Insofern verweist Kant darauf, dass die Empirie keine regulativen oder konstitutiven Ideen finden kann, sondern sie vielmehr *voraussetzt* und (als geklärt!) voraussetzen muss, um überhaupt arbeiten zu können. Zudem muss eine mechanische Konsistenz (Kausalität, Gesetzmäßigkeit) des zu untersuchenden Gegenstands *angenommen* werden: Sobald der Gegenstand

---

13 Kant, *Anfangsgründe der Naturwissenschaft*, 14f.

14 Kant: Anfangsgründe *der Naturwissenschaft*, 16f.

über einen freien Willen verfügt, entzieht er sich qua Definition verallgemeinernder und kausalanalytischer Betrachtung. Freiheit und Kausalität widersprechen sich prinzipiell.

Dieser *theoretische* Charakter jeder Erkenntnis wird gelegentlich als *Spekulation* bezeichnet– zum Schaden für Theorie und Empirie, wie folgender Text andeutet, nämlich zum Schaden für jene, die behaupten, „daß ihnen alles dunkel ist, sobald es über Tabellen und Register hinausgeht."[15] Der Text ist aus dem Jahre 1797 und stammt von Georg Wilhelm Friedrich Hegel und Friedrich Hölderlin. Er verweist darauf, dass die Ablehnung von Theorie Schaden für die menschliche Praxis bedeutet.

Pädagogische Reflexion ist – das sollten diese Schlaglichter zeigen – immer von empirischem Wissen begleitet gewesen. Dabei sind hermeneutische Verfahren zu beobachten, ebenso experimentelle und quantitative Verfahren. Warum sie sich letztlich nicht als einziges oder prominentestes Paradigma durchsetzen konnte, wäre nun eigens zu fragen.

Denn es haben eine ebenso lange Geschichte jene pädagogischen Überlegungen, die sich nicht nur der Empirie bedienten, sondern auch auf die Grenzen der Empirie hinwiesen: So zeigte *Platon*, dass durch eine Aufzählung vorhandener Tugendlehren nichts über die Tugend und die Gültigkeit einer Tugendtheorie ausgesagt werden konnte: „So ist es nun auch mit den Tugenden, daß, wenn sie auch viele und mancherlei sind, sie doch sämtlich eine und dieselbe gewisse Gestalt haben, um derentwillen sie eben Tugenden sind, und eben hierauf wird derjenige hinzusehen haben, der in seiner Antwort auf jene Frage richtig angeben will, was die Tugend eigentlich ist."[16]

Augustinus wehrt sich gegen die Auffassung, man könne das Wesen des Menschen und die vorausgesetzte Weltharmonie (also das Urgesetz, nach dem schon der oben erwähnte Pharao Psammetichos mittels Empirie forschte) durch anatomische (also empirische) Untersuchungen herausfinden – und schließt daher, die Anatomie sei unwesentlich für die Theoriebildung. Allerdings gesteht er ihr eine technische Bedeutung zu:

> „Das würde uns noch klarer werden, wenn wir die Maßverhältnisse kennen würden, unter denen alles miteinander verknüpft, aufeinander abgestimmt

---

15 Hölderlin, *Werke und Briefe*, 648.

16 Platon, *Menon*, 12, 72c.

> ist. (...) Wenn auch manchmal die Ärzte, die man Anatomen nennt, in grausamem Eifer die Leiber Toter zerstückeln oder Sterbende sezieren und durchforschen, im menschlichen Fleisch so unmenschlich alles Verborgene durchwühlen wollen, um zu erlernen, wie, womit und wo Heilung möglich ist: die Maße, von denen ich spreche, hat auch von ihnen noch keiner ausfindig gemacht, es hat überhaupt noch niemand gewagt sie zu erforschen. Und doch beruht auf ihnen jene Zusammenstimmung der äußeren mit den inneren Organen des ganzen Leibes, die man auf griechisch *harmonia* nennt."[17]

Hier geht es nicht um die Ablehnung anatomischer Studien,[18] vielmehr geht es um das theoretische Problem, dass empirische Forschung den Gegenstand, den sie untersuchen will, immer schon als *bestimmt* voraussetzen muss: Alle empirisch quantitativen Studien zum Menschen setzen *einen nicht empirischen* Begriff des Menschen voraus. Damit können empirische Studien nie *fundamental* sein. Sie können immer nur *Merkmale* an einem bereits theoretisch bestimmten Gegenstand messen, der allerdings nicht durch die Merkmale bestimmt wird.

Vor aller empirischen Erforschung ist die Beschreibung dessen gesetzt, was diese überhaupt nur erkennen kann. Dieses Maß ist immer vorausgesetzt – und sinnvolle Erkenntnis hat diesem vorausgesetzten Sinn zu dienen: „Könnten diese Maße gekannt sein auch in den innersten Eingeweiden, die *an sich* (!, V.L.) wohl keine Zierde bedeuten, es würde sich ihre begriffliche Schönheit so wohlgefällig offenbaren, daß sie dem Urteil vorzüglicher noch erschiene als alle Schönheit der sichtbaren Gestalt (...)."[19]

Es kann also gar nicht um die Frage gehen, ob die Empirie in der Pädagogik notwendig ist, sondern nur darum, inwieweit und in welcher Weise. Damit stellt sich die Frage nach dem spezifischen Erkenntnisbereich der Pädagogik, die logisch *vor* der Frage nach dem Geltungsbereich der pädagogischen Empirie liegt.

---

17 Aurelius Augustinus, *Der Gottesstaat* S.558f (=XXII, 24), Hervorheb. im Original.

18 Diepgen, *Der Kirchenlehrer Augustin und die Anatomie im Mittelalter.*

19 Aurelius Augustinus, *Der Gottesstaat*, 558f (=XXII, 24), Hervorheb. von mir, V.L..

2. Der Geltungsanspruch der pädagogischen Empirie

Um die Frage nach Recht und Grenzen der empirischen Pädagogik zu beantworten, soll hier der Erkenntnisbereich knapp umschrieben werden: Was *kann* empirische Forschung erkennen und was nicht? Um die Frage zuzuspitzen, soll im Folgenden die Empirie eingegrenzt werden auf die quantitativ messende Empirie – also jene, die uns in den PISA-Studien begegnet. Das ist keine Missachtung gegenüber der qualitativen Empirie in der Pädagogik: Sie deutet mit hermeneutischen Methoden Texte und Erziehungswirklichkeit und stellt so ein eigenes seit je anerkanntes Forschungsparadigma dar: Die (sogenannte) Geisteswissenschaftliche Pädagogik. Von ihr ist im Folgenden nicht die Rede, sondern ausschließlich von der quantitativen, d.h. messenden Empirie.

Und noch eine Einschränkung muss vorgenommen werden: Empirie gibt es als Methode in fast allen Fächern und Universitätsdisziplinen. Zuweilen ist sie so selbstverständlich, dass sie keiner besonderen Begründung bedarf. Zum Problem wurde sie erst und besonders in den Wissenschaften, die sich mit dem Menschen befassen. So hat der berühmte „Positivismusstreit in der deutschen Soziologie“[20] (1961) Recht und Grenzen der Methoden für die Soziologie abgesteckt. Die Kenntnis dieser Diskussion wird vorausgesetzt.

a. Logische Voraussetzungen empirischer Forschung

Es geht in den folgenden Überlegungen nicht um die grundsätzliche Aufgabe der Empirie, sondern um ihre Funktionsbestimmung in der *Pädagogik*. Die Empirie in der Soziologie muss ja ganz andere Voraussetzungen und Aufgaben haben als die Empirie in der Pädagogik – andernfalls wären sie austauschbar und ein Universitätsfach Soziologie oder Pädagogik wäre überflüssig. Das bedeutet nicht, dass empirische Erkenntnisse aus der Soziologie nicht für pädagogisches Handeln relevant wären (und umgekehrt) – aber sie ersetzen nicht pädagogische Empirie. So kann etwa die These der Sozialisationsforschung, dass der Mensch von der ihn umgebenden Gesell-

[20] Adorno u. a., *Der Positivismusstreit in der deutschen Soziologie.*

schaft geprägt wird (und zum Beispiel jene Sprache lernt, die seine Umgebung spricht[21] (und zwar immer so, wie sie seine Umgebung spricht), nicht die Frage beantworten, welchen Soziolekt und welche Sprachen man denn überhaupt lernen *soll* und wie man Sprache so lernt, dass man nicht nur diejenige seiner Umgebung versteht und spricht, sondern jede, die man sprechen *will*.[22]

Pädagogische Empirie muss sich also auf den Gegenstand der Pädagogik ausrichten, wenn sie denn einen *substanziellen* Beitrag zur Pädagogik leisten will. Dies aber setzt notwendig voraus, dass sie bestimmt (oder impliziert), was *überhaupt* der Gegenstand der Pädagogik ist. Damit ist jede pädagogische Empirie *abhängig* von dem, was sie als „Pädagogik" versteht. Der Begriff des *Pädagogischen* kann hierbei nicht empirisch bestimmt werden, weil die pädagogische Empirie ja erst mit ihrer Arbeit beginnen kann, wenn der Begriff schon als bestimmt vorliegt (so, wie es Kant selbst für die Naturwissenschaften beschrieben hat). Die geschilderte Versuchsanordnung des Pharaos Psammetichos hatte ja einen der Versuchsanordnung vorausliegenden Begriffsapparat: Sie setzte als bekannt voraus, was ein Mensch sei, was Sprache sei, welche Sprachen es gebe, dass man mit Menschen sprachlich und nicht-sprachlich umgehen könne. Und sie hatte ein Erkenntnisziel. Außerdem hatte die Versuchsanordnung eine ethische Implikation, nämlich jene, dass man Kindern ihre Eltern aus wissenschaftlichen Gründen fortnehmen kann und sie in ein Experiment mit ungewissem Ausgang setzen darf.

Jeder empirischen Datenerhebung kommen also notwendig und unausweichlich *vor* dem Ansetzen ihrer Arbeit solche normative Vorabfestlegungen zu – so, wie es Auguste Comte ausdrücklich beschrieben hat. Unter der Überschrift „Die relative Natur des positiven Geistes" heißt es:

> „Nicht nur müssen wir unsere positiven Forschungen überall im wesentlichen auf die systematische Beurteilung dessen, was ist, beschränken (...]) sondern es ist auch wichtig einzusehen, daß dieses Studium der Phänomene (...) stets (in Bezug, V. L.) auf unsere Organisation und auf unsere Lage *relativ* bleiben muss".[23]

---

[21] Bernstein, *Studien zur sprachlichen Sozialisation*.

[22] Vgl. Meier / Menze / Torff / Achenbach, *Das Elend mit der kompensatorischen Erziehung*.

[23] Comte: *Discours sur l'Esprit Positif./Rede über den Geist des Positivismus*, 29.

Empirie ist immer „relativ", sie kann also immer nur relatives Wissen produzieren: Wenn man definiert hat, was ein „Mensch" ist, kann man untersuchen, wie er sich vom Tier unterscheidet; aber man kann nicht *etwas* empirisch untersuchen um dann behaupten, dass das Untersuchte ein Mensch sei. Damit ist aber gesagt, dass empirische Aussagen nicht von größerer Evidenz sind als nicht-empirische Aussagen. Denn sie erhalten ja ihre Evidenz *nur* dann, wenn der vorausgesetzte Begriff (der *notwendig* nicht empirisch gewonnen wurde) evident ist. Kann dieser vorausgesetzte Begriff seine Evidenz nicht erweisen, ist die ihm folgende Datenerhebung sinnlos und von nicht größerer Evidenz. Nur wenn man voraussetzt, dass es so etwas gibt wie „mathematische Literacy", lässt sich auch messen, inwieweit sie jemand erworben hat. Aber gibt es mathematische Literacy? Wie kann man ihre Existenz und dann ihre Sinnhaftigkeit begründen? Dieser Diskurs wäre vorab zu klären.

Auf das genannte Beispiel der mathematischen Grundbildung bezogen bedeutet dies, dass eine empirische Untersuchung, die einen anderen Begriff dessen voraussetzt, was mathematische Bildung sei, folgerichtig auch zu anderen Ergebnissen käme. *Nicht Empirie also entscheidet über die Wirklichkeit und ihren (quantitativ messbaren) Zustand, sondern der der Empirie vorausliegende Begriff.* Erst wenn universal gleiche Begriffe vorausgesetzt werden können, ist empirische Forschung eine Erweiterung des Wissens. (So kann die Zahl der Menschen auf der Erde nur deshalb empirisch erhoben werden, weil der Begriff dessen, was ein Mensch ist, als geklärt gilt. In der Antike wäre dies problematisch gewesen, weil viele Kulturen keinen einheitlichen Begriff vom Menschen hatten: „Alle diejenigen, welche so weit von anderen abstehen wie der Leib von der Seele und das Tier vom Menschen (...) sind Sklaven von Natur."[24] Wie also wären sie zu zählen? Was unterscheidet den Sklaven vom Menschen? Eine antike Angabe der Einwohnerzahl von Städten muss also vorab klären, was unter einem Einwohner zu verstehen ist. Diese Frage aber klärt nicht die Empirie.) Bei unterschiedlichen Begriffen aber, bei denen ihre Unterschiedlichkeit darin begründet ist, dass sie nicht *allgemein* anerkannt oder akzeptiert sind, vergrößert oder verkleinert die Empirie das jeweilige Wissen der Gesellschaft

24 Aristoteles, *Politik*, 16 (= 1254b 15).

nicht. *Empirie ist nur in ihrer Domäne unter den von ihr gemachten Voraussetzungen bedeutsam.* Unterschiedliche Empirien vergrößern nicht die Evidenz, sondern bauen lediglich die vorhandenen Theorien aus.

Der Politik hilft also nicht *die* Empirie weiter, sondern allein eine Offenlegung oder Klärung des Streits, der hinter den verschiedenen Empirien liegt. Z. B. eines Streits darüber, was Ziel der Pädagogik sei – Selbstbestimmung oder Anpassung. Erst *nach* Festlegung dieses Ziels kann Empirie beginnen. Dann aber wird nur erhoben, inwieweit es erreicht, *nicht aber, ob es gültig ist.*

Dies liegt an der (in der Soziologie hinlänglich reflektierten und abgesicherten) Erkenntnis, dass empirische Forschung nicht in der Lage ist, Begriffe zu bilden. Begriffe sind Konzepte, nicht aber Abstrakta mit messbaren Merkmalen. Die Empirie kann nicht einmal vorhandene Begriffe benutzen, sondern muss sie *in einem eigenen* (und umstrittenen) *Erkenntnisakt* „operationalisieren": Es entstehen die Fragen, *ob* sich (1) der jeweilige Begriff überhaupt operationalisieren lässt und (2) *wie* er zu operationalisieren ist: Diese zwei Fragen können kontrovers diskutiert werden und müssen explizit reflektiert werden.

So lässt sich etwa der Begriff *Selbstbestimmung* prinzipiell nicht messen oder nach Merkmalen ausdifferenzieren, weil jedes Maß der Selbstbestimmung diesen widerspricht. Auch lässt sich *Vernunft* nicht messen, weil zuvor begründet werden müsste, dass die Maßeinheiten vernünftig sind: Die Gültigkeit dieser Begründung setzt aber das höchste Maß an Vernunft voraus – ohne es gemessen zu haben. Quantitativ messen kann man immer nur Merkmale: Ob die Merkmale aber umgekehrt Indikatoren für den Begriff sind, erfordert einen eigenen Diskurs.

Da Handlungen erst als solche gelten, wenn sie ethisch begründet sind, kann man auch *Handlungen* nicht messen. Zwar kann man Verhalten beobachten und aus der quantifizierbaren Performanz auf Kompetenzen zurückschließen; das Handlungsmotiv aber (als der Kern ethischer Begründung) entzieht sich *prinzipiell* der Nachprüfbarkeit: Es wäre z. B. ein Regress ins Unendliche, wenn empirisch nach Motiven gefragt würde und man die Antwort als gültige Auskunft über die wahre und letzte Motivation nehmen würde. Es ist empirisch nicht zu unterscheiden, ob der andere strategisch oder ethisch urteilt bzw. handelt.

Handlungen lassen sich also nicht messen, sondern nur beurteilen. Dies gilt für alle dem Menschen zuzurechnenden *Handlungen* – also jene, die nicht instinktgesteuert oder sozial internalisiert sind. Erst diese Nichtmessbarkeit menschlicher Handlung macht z. B. ein Gerichtswesen und Rechtsprechung nötig, ebenso wie Wahlen oder Kunstkritik. Ließe sich *sittliches* Handeln messen, dann bedürfte es allein der Empirie, um Totschlag vom Mord zu unterscheiden: der Unterscheidungsgrund ist aber empirisch nicht nachweisbar, so dass er in schwierigen Gesprächen (ohne letzte Sicherheit) aus dem Verhalten geschlossen oder durch Befragungen erhoben werden muss. Ließe sich *politisches* Handeln quantifizieren, bräuchte es keine Wahlen zu geben, sondern es würden jene zu Staatslenkern bestimmt, die nach einem Verhaltenskatalog die höchsten statistischen Werte erhielten. Schließlich bräuchte man keine *Kunstkritik*, weil die Güte von Kunstwerken durch die Erfüllung von Merkmalsvorgaben empirisch bewiesen werden könnte: Die Moderne Kunst besteht aber gerade im Durchbrechen von überlieferten und vorgegebenen Merkmalen. Da nun aber die nachwachsende Generation sowohl ethisch wie politisch als auch künstlerisch *handeln* muss, kann der Erwerb dieser Fähigkeiten sich nicht auf die nachweisbaren Verhaltensweisen beschränken.

Das Verhalten des Menschen kann gemessen werden; nicht aber sein Handeln – weil dieses eben von der Empirie grundsätzlich nicht zugänglichen Motiven bestimmt ist. Wir können zwar das Handeln anderer Menschen beurteilen, wir können es aber nicht messen. Was wir messen, ist sein Verhalten, von dem aus wir – mit zusätzlichen, dem historischen Wandel unterliegenden Theorien – auf seine Motivation schließen. Auch hier zeigt sich die Empirie von der Handlungstheorie abhängig. Ihre Daten sind keineswegs evident, sondern müssen durch die Begründung von Vorentscheidungen wie die Begründung von Theorien über das Verhältnis von Performanz und Kompetenz erst noch evident gemacht werden.[25] *Die Empirie unterliegt deshalb dem gleichen spekulativen Denken wie alle nicht empirischen Forschungen auch; ja sie stammen aus dem gleichen Forschungsgrund.*

Die Merkmale, die die Empirie misst, sind *willkürliche* (also konstruierte, konsensuale) Bestimmungen für das zu Messende – z. B. Verhaltensweisen. Lässt sich ein Konsens nicht herstellen, kann man auch nicht gültig messen. Die Messung ist sinnlos, weil die Kriterien nicht anerkannt sind. So kann man Preise von Kunstwerken angeben („messen"), aber sie werden

---

25 So ist selbst in der Linguistik Chomskys Unterscheidung zwischen Performanz und Kompetenz kontrovers diskutiert worden: Collier / Horovitz (Hg.): *The Anti-Chomsky Reader.*

von vielen nicht als Indikator für die Güte eines Kunstwerkes angesehen: Auch die Verfeinerung von Messmethoden würde an diesem prinzipiellen Problem nichts ändern.

Jede empirische Messung unterliegt zudem dem Regelkreis der Hermeneutik – und ist damit von ihr abhängig (nicht umgekehrt): Menschliche Handlungen werden verstanden. Damit kann auch die quantitative Empirie die hermeneutische Relativität, die darin besteht, dass der Interpretierende sein Verständnis in den Deutungsvorgang einbringt, *grundsätzlich* nicht überschreiten.

Voraussetzung jeder Empirie ist eine hermeneutische Deutung in zweifacher Hinsicht: Beim Testenden und beim Prüfling. Der Testende muss die Handlungen des Prüflings deuten, und der Prüfling muss die Testaufgaben verstehen. Alle Empirie ist daher immer nur so exakt, wie die vorausgesetzte Hermeneutik exakt sein kann. *Das hermeneutische Problem kann nicht empirisch gelöst werden.* Zwar werden z. B. Zahlen angegeben, aber ihr Zustandekommen ist hermeneutisch fundiert. Die Angabe etwa, dass 5000 Schüler an einer PISA-Studie teilgenommen haben,[26] setzt voraus, dass es nur *eine* Art der Teilnahme gibt: Diese Feststellung ignoriert aber z. B. die Differenz zwischen Anwesenheit und Teilnahme, zwischen innerer und äußerer Teilnahme, zwischen Teilnahme durch Disziplinierung, Akzeptanz oder Überzeugung. Sie verdrängt also hermeneutisches Wissen zugunsten einer scheinbaren Eindeutigkeit, die dann nur begrenzte Aussage hat, weil die folgenreichen Differenzierungen aus der hermeneutischen Situationsdeutung ignoriert wurden. Ein Vergleich der Ergebnisse von solchen Studien ignoriert, dass die Zusammensetzung von Personen mit unterschiedlichen Interessen, Motiven, Haltungen, Einstellungen immer unterschiedlich sein kann – also unklar ist, was man überhaupt vergleicht.

Untersuchungen etwa zur Störung von Unterricht (und damit des Lernens) setzen nicht nur einen Begriff dessen voraus, was eine Unterrichtsstörung ist, sondern zudem ein beobachtbares und dann noch quantifizierbares Verhalten, an dem die Störung zu erkennen sei. Eine Störung des Lernens im Unterricht, die sich nicht im Verhalten zeigt, für das Subjekt aber bedeutsam ist z. B. durch Phantasiespiele, abschweifende Gedanken usw. gerät erst gar nicht in den Horizont dieser Untersuchungen – weil sie

[26] Zit nach: http://www.dipf.de/de/im-focus/wo-die-pisa-kritik-irrt (Punkt 9), Zuletzt aufgerufen am 2.1.2014.

nicht beobachtbar ist. Auf Grund der Reduktion des Handelns auf Verhalten kommt es zu Verallgemeinerungen, die durch noch so genaue Zahlen nicht exakt gemacht werden können.

Zum anderen bedürften Testaufgaben der hermeneutischen Verstehensfähigkeit: So lassen sich etwa basale Lesefähigkeiten grundsätzlich nicht durch schriftliche Tests messen, weil zum Verständnis der Aufgabenstellung ja schon jene Kompetenz als entwickelt vorausgesetzt werden muss, deren Entwicklungsgrad man erst im Test feststellen möchte. Bei allen Aufgaben wird von der Testperson Lese- oder Verstehensfähigkeit verlangt – so dass diese untrennbar mit dem zu messenden Verhalten verbunden ist. Das Testergebnis bedarf also zur Nutzung und Bewertung hermeneutischer Annahmen als Voraussetzung. Diese hermeneutische Konditionierung beim Verstehen von Testaufgaben ist grundsätzlicher Art: Selbst formale Intelligenztests können die kulturellen Besonderheiten der Testperson nicht herausrechnen oder vermeiden – so dass Tests prinzipiell nicht von größerer Objektivität sind als hermeneutische Begutachtungen von Prüfungsleistungen: *Denn sie sind im Kern hermeneutisch.*

b. Logische Voraussetzungen pädagogischer Empirie

Diese Einwände sind jedoch eher technischer Art; prinzipiell aber ist das Argument, dass sich der intentionale Kern der Pädagogik nicht messtechnisch relevant und linear operationalisieren lässt. Dies liegt erstens an den Zielen pädagogischen Handelns und zweitens an der Eigenheit pädagogischer Verfahren.

Von Beginn der schriftlichen Überlieferung an zeigen Dokumente zur Pädagogik bis heute an, dass die Aufgabe der Pädagogik weder darin gesehen wird, den Menschen an die Natur anzupassen bzw. seine Natur zu vervollkommnen noch darin, sich den gesellschaftlichen Verhältnissen anzupassen bzw. kollektive und individuelle Tätigkeiten als identisch anzusehen oder ineinander zu überführen. So findet sich bei dem antiken Philosophen Demokrit die Bemerkung: „Die Natur und die Erziehung haben eine gewisse Ähnlichkeit. Denn auch Erziehung wandelt den Menschen um; durch diese Umwandlung aber schafft sie eine ‚zweite' Natur."[27] Und er zeigt, dass nicht sozial angepasstes Verhalten, sondern sittliches

---

[27] Demokrit, Fr. 33; Cap. 248. Ladenthin, *Philosophie der Bildung*, 38.

Handeln die humane Herausforderung des Menschen ist: „Gewertet oder nicht gewertet wird ein Mann nicht nur nach seinem Tun, sondern auch nach seinem Wollen.“[28]

Alles für das Handeln notwendige Wissen, Können und Urteilen muss zudem erworben werden; das Ziel des Erwerbs ist die eigene, d.h. schon bei Demokrit als autonom verstandene Handlungsfähigkeit (der „Wille“). Die Aufgabe des Menschen ist also nicht, der Natur zu folgen und sich den bestehenden Gewohnheiten der Gesellschaft unterzuordnen, sondern ein begründetes Verhältnis zur Natur und zur Gesellschaft (und ihren Herausforderungen) einzunehmen. (So ist eine Ethik nur notwendig, wenn vorausgesetzt wird, dass nicht alles, was ist, schon gut ist.) Dieses Verhältnis muss der Mensch *lernen*. Die Regeln für dieses Verhältnis sind nicht vorgegeben, sondern müssen von ihm erst noch gefunden, gelernt und später selbsttätig ausgeübt werden: All dies wird bereits in der griechischen Antike als Erziehungsziel formuliert und beansprucht seit diesen Formulierungen Geltung.

Autonomes Handeln lässt sich nun zwar beurteilen, nicht aber messen. Es lässt sich zudem nicht kausal erklären – denn wäre es kausal zu erklären, wäre es Folge natürlicher oder sozialer Impulse und damit letztlich nicht dem freien Willen unterstellt. Der freie Wille muss als nicht kausal zu beeinflussende letzte Kontrollinstanz menschlichen Handelns angesehen werden. Er macht die Würde des Menschen aus.

Diese Würde ist ebenfalls nicht zu messen. Zwar kann der *Wert* menschlichen Verhaltens für vorgegebene Zwecke bestimmt werden – so kannte man die Kosten für die Lebenshaltung eines Sklaven mit den Kosten für die Entlohnung eines Arbeiters vergleichen und jene Produktionsform wählen, die kostengünstiger ist. Aber genau diese Unterscheidung ist im Hinblick auf die *Würde* des Menschen nicht möglich: Jeder *Mensch* besitzt die gleiche Würde, nämlich die Freiheit, sich wertend und sinnbezogen zur Natur und zu gesellschaftlichen Zwecken zu verhalten. Auch dieser Satz gehört seit der Antike zu den grundlegenden Erkenntnissen und Bestimmungen in der Pädagogik: In drastischer Sprache hat dies Aristoteles formuliert – indem er den Sklaven die Würde des Menschen abspricht und damit auch das Recht, Ziele für menschliches Handeln festzulegen: „Kenntnisse nun also in diesen Dingen (des Alltags, V.L.) bilden das Wissen

[28] Demokrit, Fr. 68; Cap. 207; Ladenthin, *Philosophie der Bildung*, 38.

eines Sklaven; die Wissenschaft des Herrn aber besteht darin, dass er die Sklaven zu gebrauchen versteht."[29]. Die Sklaven kennen das „Wie", die Herren das „Wozu". Eine solche Aufteilung des Wissens mag Funktionen gehabt haben in einer Gesellschaft, in der nicht alle Menschen die gleiche *Würde* besaßen. Bei der Annahme aber, dass alle Menschen frei und in dieser Hinsicht gleich sind und somit die gleiche Würde haben, müssen *alle* Menschen nicht nur das *Wie*, sondern auch das *Wozu* lernen.

Dieses *Wozu* kann aber nicht als kollektiv bereits bestimmt vorausgesetzt werden, vielmehr macht es gerade die Würde des Menschen aus, das *Wozu* seines Lebens (also das Ziel des Freiheitsgebrauchs) letztlich an den eigenen *Willen* zu binden. *Dieser eigene Wille ist nicht lernbar, sondern Voraussetzung jeden Lernens. Er ist nicht operationalisierbar, weil es kein Maß gibt, ihn zu messen. Vielmehr ist er das Maß allen Messens.*

In der Aufklärungsphilosophie wurde diese Gedanke zur Grundlage des sozialen und politischen Denkens Europas; er ist das *Herzstück der europäischen Freiheitsidee*, so wie es u.a. bei Kant grundgelegt wurde: „Der Mensch betrachtet sich (...) erstlich als *Sinnenwesen*" (dessen Verhalten messbar ist: Medizin und Biologie wären hier die zuständigen Wissenschaften), „dann aber auch als *Vernunftwesen* (...), welches kein Sinn[30] erreicht und das sich nur in moralisch-praktischen Verhältnissen, wo die unbegreifliche Eigenschaft der *Freiheit* sich durch den Einfluß der Vernunft auf den innerlich gesetzgebenden Willen offenbar mach, erkennen läßt."[31] Wenn aber die Vernunft den „Sinnen" nicht zugänglich ist (also z.B. nicht gesehen oder gehört werden kann), dann kann man sie auch nicht messen – denn messen kann man nur, was man sinnlich wahrnehmen kann. Kurz: Man kann Verhalten messen, nicht aber Handlungen. Die kann man nur beurteilen.

Infolgedessen kann das Ziel pädagogischen Handelns prinzipiell nicht gestaffelt nach Maßeinheiten angegeben werden – denn entweder handelt man nach eigenem Willen oder nicht: Freiheit ist in diesem Sinn nicht quantifizierbar. *Infolgedessen ist das Ziel pädagogischen Handelns nicht operationalisierbar, nicht messbar und daher auch nicht einer wie auch immer quantifizierenden Empirie zugänglich.*

Die zweite Eigenheit pädagogischer Verfahren hängt mit demjenigen Bereich des Menschen zusammen, der für das Lernen verantwortlich ist.

---

29 Aristoteles, *Politik*, 19 (= 1255b 20).

30 Damit ist sinnliche Wahrnehmung gemeint.

31 Kant, *Metaphysische Anfangsgründe der Tugendlehre*, §3, 54.

Lernen des Menschen ist nicht die Schulung von Naturanlagen (Instinkten) wie bei Tieren. Vielmehr kann der Mensch lernen, sich gegen seine Naturanlagen zu wenden – z. B. indem er eine Brille gegen die natürliche Verformung der Wahrnehmung benutzt. Das pädagogisch bedeutsame Lernen des Menschen ist auch nicht gleichbedeutend mit der Internalisierung gesellschaftlicher Lebensvollzüge, weil er lernen kann, sie theoretisch oder gewalttätig abzulehnen.

Lernen geschieht also weder durch Vervollkommnung von Instinkten noch durch Internalisation, sondern durch das verstandesmäßige Verstehen und Hervorbringen von inhaltsbezogenen Verstandesprozessen. Der Lehrende kann dabei diese Prozesse nur anstoßen, nicht aber in Stellvertretung für den Lernenden durchführen – denn am Ende soll der Schüler das Gelernte selbst ausführen können. Das Selbst-ausführen-können („Selbsttätigkeit") ist aber nicht die identische Übernahme eines Vorgegebenen, sondern die eigenständige, immer wieder neu zu leistende Erschaffung dessen, zu dem man angestoßen wurde. In dieser Hinsicht ist der Mensch weder Werk der Natur, noch Werk der Gewöhnung. Er ist vielmehr „Werk" seiner selbst – wie es Pestalozzi formuliert hat: „Ich habe daher als Werk der Natur eine tierische, als Werk des Geschlechts eine gesellschaftliche und als Werk meiner Selbst eine sittliche Vorstellung von Wahrheit und Recht."[32]

Die Art des Lernprozesses darf seinem Ziel nicht widersprechen – nämlich der Selbstbestimmung. Man kann freiheitlichen Gebrauch seiner Möglichkeiten nicht durch Zwang lernen; denn dieser Zwang würde gerade das nicht aktivieren, was doch aktiviert werden soll: den sinnvollen Umgang mit Freiheit. Daher darf aus pädagogischer Sicht kein Lernprozess erfolgen, der den Willen des Lernenden nicht beachtet. Der Lernende selbst muss denken lernen, was er nur lernen kann, wenn er dazu aufgefordert wird.

Würde man nun Lernprozesse dahingehen untersuchen, dass vom Output auf die Gültigkeit von Lehrmethoden geschlossen würde, dann würde man eine Kausalität zwischen Lehren und Lernen annehmen, nicht aber berücksichtigen, dass die Vernunft akausal ist. In ihr zählen nicht Wirkungen, sondern Begründungen, nicht Akzeptanz, sondern Einsicht. Man kann also auch hier pädagogische Prozesse letztlich empirisch nicht bestimmen,

[32] Pestalozzi, *Nachforschungen*.

weil die Folge der Lehre die Aufforderung zu einer Vernunfteinsicht ist, die nicht direkt zugänglich ist.

In der aufklärerischen Philosophie ist der Grundgedanke eines nicht von außen zu formenden, sondern sich durch den eigenen Vernunftgebrauch selbst bildenden Subjekts umfangreich und mehrperspektivisch aufgespürt, entfaltet und begründet worden: „Eben so ist es ein Widerspruch: eines anderen Vollkommenheit mir zum Zweck zu machen" (also zu lehren) „und mich zu deren Beförderung für verpflichtet zu halten. Denn darin besteht eben die Vollkommenheit eines anderen Menschen, als einer Person, daß er selbst vermögend ist, sich seinen Zweck nach seinen eigenen Begriffen von Pflicht zu setzen, und es widerspricht sich, zu fordern (...), daß ich etwas tun soll, was kein anderer als er selbst tun kann."[33]

Es bedarf schon eines erheblichen argumentatorischen Aufwandes, um diese Logik der Persönlichkeit auszuhebeln und Pädagogik als Wissenschaft zu verstehen, die den anderen zu etwas macht, was vorherbestimmt ist – und diese Aufgabe dann auch noch als Aufgabe des Staates anzusehen. Von einem solchen argumentatorischen Bemühen ist in den aktuell vorliegenden empirischen Studien nichts zu erkennen.

Grundsätzlich lässt sich sagen: Menschliches Handeln erschließt sich nie ganz messenden und empirischen Verfahren oder kausalen Erklärungen, weil es letztendlich auf dem freien Willen beruht, dieser aber spontan ist. In den Naturwissenschaften konnte die empirische Forschung so erfolgreich sein, weil ihr Untersuchungsobjekt auf seine regelhaft kausalen Bezüge hin (Gleichförmigkeit; Vorhersagbarkeit) untersucht wurde – und naturhafte Prozesse nach unserem heutigen Wissensstand kausal ablaufen. Eben diese Voraussetzung gilt für menschliches Handeln nicht. Von daher können weder die Ziele menschlichen Handelns (oder ihr Erreichen) quantifiziert werden noch die Methoden des Lernens. Was quantifiziert werden kann sind Verhaltensweisen. Verhalten ist nun auch beim Tier zu messen – ohne Auskunft über Ziele und Wesen zu geben.

Erklärungen für ein Verhalten durch Empirie sind ausschließlich Attribuierungen, d.h. die Korrelationen von mindestens zwei beliebigen Daten. Ob diese Daten zusammenhängen *können*, muss in *einer außerhalb der Empirie liegenden Theorie* geklärt werden – und zwar theoretisch. So hat man in den Vereinigen Staaten Attribuierungen zwischen der Intelligenz von

33 Kant, *Metaphysische Anfangsgründe der Tugendlehre*, 19.

Amerikanern afrikanischer Herkunft und Amerikanern europäischer Herkunft vorgenommen;[34] Voraussetzung war die Annahme, dass sich Rassemerkmale auch in der (dann als angeboren anzunehmenden) Intelligenz zeigen.[35] In gleicher Weise hat man in Deutschland die Intelligenzunterschiede angeblich semitischer und angeblich nichtsemitischer Bevölkerungsteile ins Verhältnis gesetzt und Korrelationen gefunden.[36] Damit ist ein Zusammenhang nicht bewiesen, sondern nur statistisch behauptet. In Zeiten, in denen es politisch nicht opportun ist,[37] solche Zusammenhänge zu behaupten oder auch nur zu vermuten, gelten diese empirischen Untersuchungen als nicht haltbar. *Damit aber zeigt sich, dass nicht die Empirie den Zusammenhang nachweist, sondern eine Annahme sich der Empirie bedient.* Die Empirie kann solche Zusammenhänge weder belegen noch widerlegen. Sie kann lediglich Auftretenswahrscheinlichkeiten benennen. Ihr voraus geht die Annahme, dass ein Zusammenhang besteht und die (moralisch-politische) Entscheidung, dass es sinnvoll ist, diesen Zusammenhang zu untersuchen.

Pädagogische Empirie kann also nur dort ansetzen, wo diese Intention pädagogischen Handelns (die die Identität des Praxisbereichs in der gesamten überlieferten Geschichte bildet) gewahrt bleibt. Forschungen, die unter Nichtbeachtung dieses Zusammenhanges erstellt werden, sind pädagogisch wertlos: Gegenstandsbereich der Pädagogik ist es, Formen zu finden, in denen der freie Wille so aufgefordert wird, Geltungsansprüche zu erheben, dass durch die Art der Aufforderung der freie Wille nicht außer Kraft gesetzt wird. Relevante (empirische) Ergebnisse können also nur unter Akzeptanz dieser Voraussetzung hervorgebracht werden – jedenfalls von einer pädagogischen Empirie. Andere Aussagen mögen Wert für andere Wissenschaften haben, betreffen aber das pädagogische Forschungsparadigma nur indirekt.

Diese Grenzbeschreibungen für pädagogische Empirie sind lange bekannt und längst benannt worden: Die Theorie empirisch-analytischer Erziehungswissenschaft – so die Auskunft eines weit verbreiteten Wörterbuchs der Pädagogik – ist „problematisch a) durch die Logik von In-

---

[34] Daley/Onwuegbuzie, *Race and Intelligence.*

[35] Kaupen-Haas / Saller (Hg.), *Wissenschaftlicher Rassismus.*

[36] Gilman, *Die schlauen Juden.*

[37] Rammstedt, *Deutsche Soziologie 1933 – 1945.*

duktionsschlüssen und das Problem der Wahrscheinlichkeit, der Signifikanz und Repräsentativität der Ergebnisse, b) die mögliche Veränderung von Situation und Teilnehmern durch die empirischen Verfahren sowie die Operationalisierung der Forschungsgegenstände, c) das Problem der Werturteilsfreiheit und der wissenschaftlichen Metasprache, d) die Gefahr der Ideologisierung des angestrebten zweckrational-technologischen Handelns (...), e) das notwendig ergänzende wissenschaftslogische Verhältnis zu Hermeneutik, Phänomenologie, Strukturpädagogik bezüglich der Aufdeckung von Erkenntnisinteressen des Forschers, der Deutung von Hypothesen und Ergebnissen und der präziseren Fassung der Phänomene, f) die Unmöglichkeit voraussetzungsloser empirischer Erkenntnis, da diese logisch das voraussetzen muss, was sie zugleich negiert, d.h. die Prämisse, dass experimentell-empirisch Verfahren (...) immer schon durch ein impliziertes Vorverständnis und Werturteile darüber geleitet werden, welche Funktionen ihnen zukommen müssen, damit empirische Resultate überhaupt als solche anerkannt werden können."[38]

c. Forschungspraktische Auffälligkeiten

Auf Grund der Voraussetzungshaftigkeit oder *Relativität* aller empirischen Forschung misst die Empirie nur das, was sie messen *will*: Wenn reale Veränderungen aber die datenerhebungsrelevanten Merkmale nicht betreffen, kann Empirie trotz ausdifferenzierter Methoden ignorant werden gegenüber auch massiven und fundamentalen Veränderungen. Dies lässt sich an einem Beispiel aufzeigen. Die erste Bildungs-Studie der OECD in Deutschland wurde 1973 vorgestellt.[39] Der Befund lautete damals: „Das bildungspolitische OECD-Länderexamen (...) ist für die Bundesrepublik alles andere als gut ausgefallen." Das deutsche Bildungssystem sei ineffektiv, ungerecht und unzeitgemäß. Die Empfehlungen lauteten: Das Schulsystem solle „einheitlich" (6) werden, alle Unterschiede sollen „innerhalb der Schulen berücksichtigt und nicht durch Auswahl der Kinder für verschiedene Schultypen" (60) verstärkt werden (länger gemeinsam lernen; Inklu-

38 Art.: Empirisch-analytische Erziehungswissenschaft. In: Böhm, *Wörterbuch der Pädagogik*, 176f. Hier 177.

39 *Bildungswesen: mangelhaft. BRD-Bildungspolitik im OECD-Länderexamen.* Seitenangaben im Fließtext.

sion); Schule soll so umgebaut werden, dass sie die „Entfaltung der *Fähigkeiten*“ (Kompetenzen) (69) anstrebe: „Der Vorrang spezifischer Lerninhalte wird zurückgedrängt.“ (61)

Schule soll der Förderung der „*Fähigkeit* und des Verlangens“ „lebenslangen Lernens“ (61) dienen, dazu, die „vielfältigen Möglichkeiten des beruflichen Fortkommens und des lebenslangen Lernens (...) als Angehörige eines modernen Staates“ bewusst zu machen (61): „Bildungsziel ist es nicht, den Kopf eines jungen Menschen mit fertigen Meinungen und Fakten vollzustopfen, sondern ihm zu helfen, seine Fähigkeit zum selbständigen Denken zu entwickeln.“ (61)

Neben den beiden „großen Zielen“ (63) Adressatengemäßheit und „formale Bildung“ (65) wird als drittes großes Ziel der empfohlenen Reform die „Chancengleichheit“ ausgegeben – (die damalige Chiffre für das, was heute als „Bildungsgerechtigkeit“ bezeichnet wird). Man möchte verhindern, dass „die Zukunft junger Leute größtenteils vom sozialen Status ihrer Eltern abhängt“ (65). Man möchte „Durchlässigkeit“, Förderung durch „Ganztagsschulen“, „so daß Kinder, die in ungünstigen häuslichen Verhältnissen leben, in ihren Bildungschancen nicht mehr ganz so sehr benachteiligt werden, wie das gegenwärtig der Fall ist.“(63) „Unter diesen drei Gesichtspunkten muß das bis heute im Bildungssystem der BRD tatsächlich Erreichte leider als rückständig bezeichnet werden.“ (63) Gerade im Hinblick auf Chancengleichheit habe „die BRD eine wesentlich schlechtere Leistung aufzuweisen als viele vergleichbare Staaten, und gerade auf die Beseitigung dieser besonderen Unzulänglichkeiten richten sich viele Bemühungen“ (64)

Als Wege der Verbesserung wurden vorgeschlagen: Der „Wettbewerb zwischen den Ländern“ (62). Man plane, ein „nationales Curriculum-Institut“ zu gründen (94). Man möchte „Begabungsreserven (...) nutzen (um) das wirtschaftliche Wachstum“ zu erhalten, „ziemlich gut definierte (...) Ziele (oft in den Begriffen des wirtschaftlichen Wachstums)“ (66) anbieten, weil die Schulen „eine Schlüsselrolle“ dabei spielen, die „Anpassungsbereitschaft an Veränderungen innerhalb der Arbeitnehmer“ auszubilden (66).

Für die Hochschulen empfiehlt man die „Erhöhung der Zahl der Studienplätze“ (97), „klare Festlegung der Studienpläne und der Studiendauer“ (97), „Einführung eine ersten akademischen Grades, der jeder Hochschulausbildung und jedem Staatsexamen entspricht“ (97).

Die hinzugefügten Anmerkungen in Klammern machen es deutlich: Fast alles, was heute „nach PISA" diskutiert wird, steht bereits in dieser kleinen Studie aus dem Jahre 1973, alle Vorschläge, die heute als *innovativ* angeboten werden, finden sich – zuweilen im gleichen Wortlaut, zuweilen dezenter formuliert als heute – schon dort. 40 Jahre nach den empirischen Erhebungen gilt offensichtlich genau das als „empirisch belegt", was 1973 schon als empirisch belegt galt. Kann das stimmen? Und können die Reformvorschläge der „neuen" Reformen nach PISA für unsere Gegenwart passen, wenn man sie schon 1973 als genau passend *für die damalige Zeit* beschrieb? Die Texte der alten und der neuen OECD-Studien sind austauschbar – und zwar nicht nur die Rezepte und Empfehlungen – sondern auch die Analysen. In 30, in 40 Jahren hat sich laut OECD-Studien in Deutschlands nichts verändert. Immer noch ist das BRD-Bildungswesen „mangelhaft", immer noch werden Begabungsreserven nicht gefördert, immer noch produziert das Bildungswesen (und nicht etwa die Gesellschaft) Ungleichheit.

Wie kann es zu einem solchen Ergebnis kommen? Denn das Bildungssystem hat zusammen mit der Gesellschaft in Deutschland seit 1968 (dem Zeitraum der Datenerhebung) einen fundamentalen Wandel erlebt. Es gab eine sozial-liberale und eine christliche-liberale Regierungszeit; einen radikalen Umbau des Schulsystems von strenger Dreigliedrigkeit zur Auflösung der Dreigliedrigkeit; massive Migration; die Frauenemanzipation hat zu 50% und mehr Abiturientinnen geführt; es gab einen Autoritätsabbau im Schulwesen, eine Psychologisierung des Lernens, eine Sozialpädagogisierung des Lernens, mehrfache Lehrplanwechsel, völlig neue Didaktiken in fast allen Fächern usw.[40] Alles das hat den Schulalltag verändert, ist aber in den Statistiken nicht wahrgenommen worden. Offensichtlich konstruieren die OECD Statistiken Wirklichkeit – um dann 40 Jahre lang ein immer gleiches Reformprogramm stereotyp als Hilfe anzubieten: ... Einheitsschule, Ganztag, Inklusion, Kompetenz-Lehrpläne, Wettbewerb, Standards, Zentralisierung?

Liegt dieser Befund am selbstreferentiellen System und der Logik empirischer Forschung? Misst PISA mit dem falschen Instrument? PISA misst *irgendetwas* – etwas, was sich in Deutschland offensichtlich nicht verändert, auch wenn sich *alles* andere verändert?

---

40 Ich habe diesen Wechsel zusammengefasst in: Ladenthin, *Zukunft und Bildung.*

Wenn das so ist, erfährt man aus den Studien nichts über das, was PISA angeblich messen will: die Qualität des deutschen Bildungssystems. *Die Indikatoren zeigen das, was sich verändert hat, nicht an.* Auch stellt sich die Frage, warum die Ratschläge, die diese Studie dann gibt, obwohl sie sie (streng methodisch betrachtet) nicht geben kann, trotz eines radikalen gesellschaftlichen Wandels und hinzukommender Veränderungen in den Schulen immer die gleichen sind? Nämlich: Einheitsschule, Ganztag, Inklusion, Kompetenz-Lehrpläne, Wettbewerb, Standards, Zentralisierung - seit 40 Jahren nichts Neues: Und das, obwohl es täglich in den Schulen wirklich neue Probleme gibt. Könnte es sein, dass Empirie nichts als Ideologie produziert - und das mit feinsinnigen Methoden? Wie kann es sein, dass die Bundesrepublik eines der wohlhabendsten Länder der Welt ist, ihr aber seit immerhin 40 Jahren attestiert wurde, dass das Bildungswesen mangelhaft sei?

Offensicht beinhalten die empirischen Untersuchungen Probleme, die über die immanenten wissenschaftslogischen Probleme hinausgehen. Dazu nun einige Bemerkungen.

3. Zur Ökonomie der Empirie

In einer Stellungnahme des „DIPF" wurde der Behauptung, dass ein „PISA-Durchgang" eine dreistellige Millionensumme koste, widersprochen. Diese Behauptung „entspreche nicht den Tatsachen". Als diese wurden dann folgende benannt: „Die internationalen Kosten für Entwicklung, Durchführung und Auswertung der Studie liegen bei knapp 10 Millionen Euro für einen dreijährigen Durchgang; diesen Beitrag teilen sich die 70 Staaten" - so dass pro Nation rund 74.000 Euro zu veranschlagen sind. „In Deutschland kommen 3 Millionen Euro für die Testdurchführung, Aufbereitung und nationale Auswertung hinzu." Im Umkehrschluss bedeutet dies, dass eine Kontrollstudie, die im empirischen Bereich üblich ist, 13 Millionen Euro in Rechnung stellen müsste, denn eine solche Studie müsste ja „Entwicklung, Durchführung und Auswertung" in eigener Regie erstellen. Diese Kosten kann weder ein einzelner Lehrstuhl / eine einzelne Universität noch eine Gruppe von Forschern aufbringen. Es müssten umfangreiche Drittmittelanträge erstellt und langjährige Mitarbeiter mit der vagen Aussicht auf eine Finanzierung beschäftig werden. Kurz: Die von den PISA-Autoren benannten Kosten befinden sich in einer Größenordnung, die es *faktisch* unmöglich macht, dass Kontrollstudien erstellt werden können. Es entsteht also allein *auf Grund der ökonomischen Situation* ein Monopol (das in der Wirtschaft die Kartellbehörde aktivieren würde), das dem Grundsatz einer freien Wissenschaft widerspricht. Ein doch immenser Forschungsapparat mit hohen Kosten kann auf Grund seiner ökonomischen Ausstattungen Forschung vornehmen und veröffentlichen, die – auf Grund der Kosten – nicht mehr kontrolliert werden können. *Es entsteht – einmalig in der Moderne – eine Forschung, die nicht mehr kontrolliert werden kann.*

Dieses Problem betrifft alle empirische Forschung in der Pädagogik: da sie kostenintensiv ist, besteht kaum die Chance, kontrollierende oder alternative Forschungen gleicher Größenordnung aufzustellen. *Zum ersten Mal in der Geschichte der Pädagogik entscheidet über das, was erforscht wird, nicht die innerszientifische Logik, sondern die finanzielle Ausstattung von Forschung.*

In der nichtempirischen Forschung gab und gibt es Kontrollmöglichkeiten – durch Lektorate und Redaktionen der Verlage und Zeitschriften, die die Manuskripte einer Vorprüfung unterzogen; durch eine wissenschaftliche Kritik, in der auf Probleme hingewiesen wurde und schließlich und massiv durch ergänzende und alternative Studien. Dies ist bei PISA nicht möglich: Die Kritik an den Studien kann sich nicht (im Unterschied zur hermeneutischen Kritik) der Mittel bedienen, die die Studie zur Erstellung ihrer Aussagen genutzt hat. Es entsteht ein Monopol auf Wahrheit – nicht aus ideologischer Absicht, wie in den totalitären Staaten des 20 Jahrhunderts, sondern allein aus den Kosten und der damit notwendigen Finanzierung. Um es zugespitzt zu sagen: Über Wahrheit wird durch Geld entschieden.

4. Zur Soziologie empirischer Studien

Empirische Studien sind so kostspielig, dass faktisch keine Vergleichsstudien angefertigt werden können: der wissenschaftliche Markt wird von den Geldgebern reguliert. Die These, dass deutsche Schulen Besseres und anderes besser lehren als das, was PISA misst, lässt sich empirisch nicht erhärten, weil es keinen Geldgeber gibt, der Interesse hätten, eine solche Studie zu finanzieren. D.h. faktisch setzen sich nicht Forschungsinteressen durch, sondern die Interessen derjenigen, die über Einfluss (Politik) oder

Geld (OECD, Bertelsmann) verfügen. Damit wird das *Bild von der Wirklichkeit* durch jene bestimmt, die faktisch die Macht und das Geld haben, die empirischen Studien in Auftrag zu geben. Aufgrund dieses keineswegs wertfreien sondern interessegesteuerten *Bilds von der Wirklichkeit* werden politische Entscheidungen getroffen: Folglich werden Entscheidungen unter falschen bzw. verzerrten Voraussetzungen, auf Grund einer falschen, unausgewogenen Zurkenntnisnahme von Wirklichkeit getroffen. Die Behauptung von PISA-Autoren, man wolle Daten liefen auf Grund derer man sich entscheiden könnte, erscheint so als naiver Glaube, dass die unter Perspektive erhobenen Daten repräsentativ oder auch nur *ausgewogen* seien. Da es keine Kontrolluntersuchungen gibt, erscheinen die Maßnahmen der Politik dann in der Tat zu recht „alternativlos". *Alternative Wirklichkeitsbilder wurden erst gar nicht erstellt.*

Eine der Kritiken an empirischen Studien ist, dass Empirie, obwohl sie sich als *wertneutral* versteht, zumeist *affirmativ* ist. Und zwar affirmativ im Sinne der Auftraggeber. Keine Studie kann nachgewiesen werden, in der Empiriker etwas herausgefunden hätten, was den Intentionen der Auftraggeber widersprochen hätte. Dies lässt sich am Beispiel der OECD-Studien von 1973 und in den 2000er Jahren illustrieren: Das Erkenntnisinteresse, die Befunde und sogar die Ratschläge, die man glaubt aus den Studien folgern zu können, sind in beiden Studien – trotz Weiterentwicklung der Wissenschaft – nahezu identisch. Die Interessenvertreter der OECD beauftragen die Forschung und bestimmen so nachweislich Befunde wie Ratschläge.

Es ist zudem unwahrscheinlich, dass geldmächtige Auftraggeber solche Forschungen unterstützen, die Ergebnisse liefern könnten, welche ihren Interessen widersprechen. Wir haben es also mit einer massiven Beeinflussung von Forschung durch die Interessen nicht-wissenschaftlicher und zugleich finanzkräftiger Gruppen zu tun. Forschung und Interesse sind so eng verbunden, dass die Rezipienten den Ergebnissen nicht mehr trauen können. Das hat Folgen gerade für die *unabhängige* empirische Forschung: Auch ihren Ergebnissen wird die Öffentlichkeit nicht mehr trauen, weil man ihr prinzipiell Interessenhaftigkeit unterstellt. Langfristig wird dies zu einem Misstrauen gegenüber der pädagogischen Wissenschaft insgesamt führen und damit der Wissenschaft insgesamt schaden.[41]

5. Politik und Empirie

Die Politik fällt Entscheidungen auch auf Grund empirischer Daten. Diese Politikberatung ist das Ziel von PISA: „Zielsetzung und Arbeitsweise der OECD (...) 2. Vergleichende Analysen, Prognosen, Empfehlungen – Standards, peer reviews, Identifizierung von best practice – Trends, zukunftsweisende Strategien (z.B. OECD Skills Strategy) 3. Unterstützung bei der Implementierung – Forum für Austausch unter den Mitgliedsstaaten – Unterstützung bilateraler Zusammenarbeit und policy learning – Förderung der Kooperation verschiedener nationaler Akteure (Politik, Wirtschaft, Experten, Praktiker)“[42]. Da nun diese empirischen Studien auf Grund der Kostenlage fremd- oder sogar interessenfinanziert werden, entsteht die Gefahr der Interessenforschung. Aber auch wenn man diese Voraussetzung nicht macht, besteht Anlass zur Sorge: Da die Empirie nur Aspekte von Wirklichkeit erforschen kann, das Ganze aber nicht in den Blick kommt, da es keine Alternativforschung gibt, sind jene Entscheidungen suboptimal, die auf diesen Daten beruhen: denn es gibt keine Kontrolldaten, keine Alternativen. *Die Politik gerät in die Gefahr, auf Grund einseitiger und begrenzter sowie interessengesteuerter und nicht kontrollierter Informationen zu entscheiden, wenn sie die empirischen Studien zu dem Zweck nutzt, für den sie gedacht waren: als Entscheidungshilfe.*

---

41 So heißt es im Referentenentwurf der NRW Landesregierung: § 71a „Transparenz bei der Forschung mit Mitteln Dritter. Das Präsidium informiert die Öffentlichkeit in geeigneter Weise über Forschungsvorhaben nach § 71 Absatz 1, insbesondere über deren Themen, den Umfang der Mittel Dritter sowie über die Person des jeweiligen Dritten. §§ 8 und 9 des Informationsfreiheitsgesetz gelten entsprechend. Wissenschaftsministerin Svenja Schulze: ‚Ich vertraue den Hochschulen, dass sie hier verantwortungsvoll informieren. Transparenz schafft Vertrauen – mangelnde Transparenz fördert Misstrauen.' Das hat sich gerade erst im vergangenen Jahr bei Themen wie Datensicherheit und Bankenregulierung gezeigt." http://www.wissenschaft.nrw.de/fileadmin/Medien/Dokumente/Hochschule/Gesetze/2014-01-14_HZG_Drittmittel.pdf.

42 Vgl. Höckel, Kathrin: *Der Beitrag der OECD zur evidenzbasierten Politikberatung*. AGBFN Tagung Qualitätssicherung in der Berufsbildungsforschung Wien, 13-14 September 2010. http://www.kibb.de/Hoeckel_AGBFN-Workshop_Wien.pdf.

Indem die Wissenschaft die Forschung nur in Auftrag nimmt, nicht aber – wie im Fall der OECD von den Autoren selbst bestätigt – finanziert, wird sie abhängig von jenen Interessengruppen, die diese Studien in Auftrag geben. Indem die deutschen Administrationen langfristige Verträge mit dem PISA-Konsortium und damit indirekt mit der OECD schließen, sind sie auch an deren Interessen gebunden: Das erklärt, warum die ersten Studien unter einer rot-grünen und die späteren Studien unter einer christlich-liberalen Regierung durchgeführt werden konnten: Änderungen waren nicht mehr möglich. Hier waltete nicht wissenschaftliche Objektivität (also Wertfreiheit), sondern eine *durchgehende* Interessenlage der OECD. Die Politik verzichtet auf ihren Gestaltungsfreiraum zugunsten einer übernationalen Organisation, die nach eigener Aussage eine bestimmte Wirtschaftsordnung und damit Wirtschaftspolitik vertritt. Parteien verzichten also auf ihre Selbstdarstellung als Wertegemeinschaft. Sie verzichten auf Gestaltung.

Aus pädagogischer Sicht können und sollen keine Wirtschaftsordnungen und politische Verhaltensweisen bewertet werden, es kann und muss nur darauf hingewiesen werden, dass mit der Übernahme der OECD-Untersuchungen zugleich Implikationen über die Organisation von Wirtschaft übernommen werden – d.h. politische Parteien auf ihren Gestaltungsfreiraum verzichten. Speziell in der Schulpolitik geben sie damit ihre Handlungsmöglichkeiten an übernationale, nicht gewählte Organisationen ab: Eine solche Bildungspolitik wird nicht mehr in den Nationalstaaten gemacht.

Diese Situation überrascht allerdings – und dies umso mehr, als in der Bundesrepublik eine Bildungshoheit der Bundesländer gegenüber der Bundesregierung beseht. Durch die PISA-Studien geben die Bundesländer ihre grundgesetzlich zugestandene Gestaltungsfreiheit de facto an eine übernationale Organisation ab. Nur noch die Entscheidung, ob man einen Vertrag mit der OECD schließt, bleibt dem Gestaltungswillen der Länder zugestanden; nicht aber mehr, was erforscht wird. Zudem sind die PISA-Verträge so langfristig, dass Nachfolgeregierungen Konzepte fortführen müssen, auch wenn sie bildungspolitisch anders orientiert wären als die Vorgängerregierung. Die von der OECD finanzierten und in Auftrag gegebenen Studien entmachten de facto nationale Bildungspolitik.

Dabei ist nicht nur das Erkenntnisinteresse von der OECD bestimmt. PISA begnügt sich nicht mit der Zusammenstellung zugänglicher Daten.

Vielmehr werden eigens Tests entwickelt und jene Institutionen öffentlich bloßgestellt, die schlechte Testergebnisse aufweisen. Damit misst PISA nicht nur, sondern behauptet die Geltung von Didaktischen Modellen, die zu den Tests geführt haben. Dies lässt sich am Beispiel der „Kompetenzorientierung" nachweisen. Der Begriff der „Kompetenz" war vor 2000 in der deutschen Pädagogik kaum gebräuchlich und wurde nicht einmal in einschlägigen Wörterbüchern aufgeführt. In einem begriffsgeschichtlichen Handbuchartikel weist etwa Heinz Heckhausen[43] darauf hin, dass der Begriff „Kompetenz" 1959 von R.W. White „in die Motivationspsychologie eingeführt" wurde – also keineswegs ein allgemeiner Grundbegriff der Psychologie ist oder war, sondern erst aus dem spezifischen Interesse dieser speziellen Richtung der Psychologie erklärbar (und nur für diese notwendig): „Mit Hilfe des K.-Begriffs hat White (...) versucht, die vielfältige Kritik zu integrieren..." usw. Der Begriff wurde – so Heckhausen – in der Motivationspsychologie systematisch notwendig, weil er die „Entwicklung grundlegender Fähigkeiten" bezeichnet, die weder angeboren noch das Ergebnis von (natürlicher) Reifung sind und „auch nicht ausreichend durch die klassischen Triebtheorien der Psychoanalyse und der psychologischen Lerntheorien erklärt werden können"[44]. Das „Kompetenzkonzept" ist also eine Arbeitshypothese („White nimmt (...) an ...";). Kommentar Heckhausen 1976: „Theoretisch ist Whites K.-Begriff bis heute [1976] nicht weiterentwickelt worden."

Nach den PISA-Studien wird der Kompetenzbegriff zum Leitbegriff der deutschen Lehrpläne: Ein bekannter und einflussreicher Schulpädagoge kommentiert: „Noch nie hat es in Deutschland eine so einseitige Top-down-Bewegung in der Steuerung der Schulentwicklung gegeben, wie seit Beginn dieses Jahrzehnts."[45] Auslöser waren nicht etwa neue Einsichten in der Pädagogik, sondern die *Implementierungen* (OECD-Jargon) der PISA-Tests. D. h ohne einen wissenschaftlichen Diskurs, der hinsichtlich einer für eine Kulturnation zentralen Frage wie der Umgestaltung ganzer Lehrplansysteme in allen Bundesländern erforderlich gewesen wäre, wird eine Reform des deutschen Bildungswesens allein auf Grund einer empirischen Erhebung durchgeführt: Die Erhebung misst also gar nicht (wie sie von sich

---

43 Heckhausen, *Kompetenz*, Sp. 922.

44 Heckhausen, *Kompetenz*, Sp. 922.

45 Meyer, Hilbert. Zit nach: http://www.uni-potsdam.de/zfl/06_publikationen/kentron/pdf/extra11.pdf. (S. 8). Zuletzt aufgerufen am 2.1.2014.

selbst behauptet: „PISA erzeugt Daten“[46]), sondern ist ein Mittel, bestimmte curriculare oder lehrplantheoretische Konzepte durchzusetzen.

D.h. eine kulturell vielfältige Nation wie Deutschland mit divergenten Traditionen (der ehemaligen BRD und der ehemaligen DDR) diskutiert nicht mehr darüber, was das Ziel ihres Bildungssystems sein soll, was Bildung im 21. Jahrhundert überhaupt bedeutet; sondern unter Umgehung einer solchen Diskussion werden Ziele und Konzepte der OECD bruchlos administrativ durchgesetzt. Eine Gesellschaft verzichtet also auf die Diskussion der Ziele, die sie sich selbst geben will. Ein bisher nicht gekannter Vorgang freiwilligen Identitätsverlusts.

Dieser Verzicht auf Rekonstruktion der eigenen Identität ist besonders problematisch, weil die Landesverfassungen aller Bundesländer und die einschlägigen Schulgesetze einen inhaltlichen Diskurs im Hinblick auf Bildungsziele fordern. Artikel 7 (1) der NRW-Landesverfassung lautet: „Ehrfurcht vor Gott, Achtung vor der Würde des Menschen und Bereitschaft zum sozialen Handeln zu wecken, ist vornehmstes Ziel der Erziehung.“ Und weiter: „Die Jugend soll erzogen werden im Geist der Menschlichkeit, der Demokratie und der Freiheit, zur Duldsamkeit und zur Achtung vor der Überzeugung des anderen, zur Verantwortung für Tiere und die Erhaltung der natürlichen Lebensgrundlagen, in Liebe zu Volk und Heimat, zur Völkergemeinschaft und zur Friedensgesinnung.“ So steht es in Ausdeutung des Grundgesetzes beispielsweise im Schulgesetz von Nordrhein-Westfalen. Die zentralen Begriffe sind auslegungsbedürftig; ihre Diskussion darf nicht durch empirische Untersuchungen unterlaufen oder ersetzt werden.

Angesichts der Vertragsschließung der Länder mit der OECD und angesichts der Macht, die Tests durchzusetzen und zusammen mit der Politik zu publizieren, werden die Inhalte der Landesverfassungen marginalisiert und bedeutungslos, denn die in den Verfassungen formulierten Bildungsziele und die Konzeption der psychometrischen Steuerung durch den funktionalistischen Kompetenzbegriff sind nicht ohne weiteres kompatibel. Zumindest würde man hier ausführliche Begründungen und nicht Verwaltungsakte erwarten. De facto hat eine Gesellschaft darauf verzichtet, sich über ihre Ziele zu verständigen. Stattdessen werden fertige Kon-

---

[46] Klieme, Eckhard / Köller, Olaf / Prenzel, Olaf: *Wo die PISA-Kritik irrt – eine Stellungnahme zu den Thesen Wolfram Meyerhöfers.* Zit nach: http://www.dipf.de/de/im-focus/wo-die-pisa-kritik-irrt (Punkt 10), zuletzt aufgerufen am 2.1.2014.

zepte Dritter normativ gewendet und administrativ durchgesetzt. Die Landespolitik übergibt ihre Macht an die OECD. Dies ist ein Musterfall, dessen Zustandekommen einmal genau nachgezeichnet werden müsste.

Die Empirie wandelt sich in Zusammenarbeit mit der Politik von einem Instrument, das Daten erheben will, zu einem Mittel, mit dem konzeptionelle Entscheidungen durchgesetzt werden – über PISA hinaus[47]. Die Empirie dient dazu, etwas durchzusetzen, was politisch argumentativ nicht durchsetzbar ist. Damit wandelt sich die Empirie – sie verliert ihre Wertneutralität. Sie ist keine wertfreie Forschung (ein „Diagnoseinstrument"), sondern Mittel zur Durchsetzung von Zielen. (Dass dabei bekannte Erhebungsmethoden verwandt werden, ist nicht zu bestreiten, ebenso, wie die Wissenschaftler selbst sicherlich persönlich integer sind und lediglich Aufträge ausführen).

6. Psychologie der Empirie

Zur weiteren Beschreibung der Empirie möchte ich mich des sozialpsychologischen Begriffs der *Mentalität* bedienen:[48] Er beschreibt psychische Dispositionen eines Kollektivs, also immer wiederkehrende, überpersönliche Denk- und Handlungsmuster. Mentalitäten helfen zu erklären, warum unterschiedliche Gruppen zueinander affin oder nicht affin sind. Sie tragen zur Gruppenidentität ebenso bei wie zu einem formulierten Ethos einer Gruppe.[49]

Sowohl die deutschen Autoren der PISA-Studien wie die Mitglieder des Beirats sind ausgewiesene Wissenschaftler, deren Unabhängigkeit und Authentizität ohne jeden Zweifel ist. Zugleich aber arbeiten sie in einem Gefüge, das sie zu Beauftragten von großen Verbänden, deren Ideologie und deren Geldmitteln macht: Sie arbeiten also in einem eingeschränkten Frei-

---

47 Bultmann/Wernicke (Hg.), *Netzwerk der Macht – Bertelsmann.*

48 Damit sind „Komplexe von Meinungen und Vorstellungen" bezeichnet, die oft informell in Geltung gesetzt wurden – und daher überpersönliche Bedeutung haben, man kann kollektive Mentalitäten beschreiben, ohne sie einer Einzelperson zurechnen zu müssen. Rüschemeyer: *Mentalität und Ideologie*, 190. Auch die folgende Analyse betrifft nicht Personen, sondern überpersonelle Haltungen einer homogenen Gruppe.

49 In der Geschichtsforschung ist dieses Modell erprobt: Dinzelbacher (Hg.), *Europäische Mentalitätsgeschichte.*

heitsrahmen. Zu fragen ist, wie Empiriker, auf die diese Arbeitsbedingungen kollektiv zutreffen, die möglicherweise konfligierenden Interessen verarbeiten. Dazu einige Beispiele:

Auf die Unterstellung „Es gibt keine einzige politische Entscheidung, die aus PISA ableitbar wäre." antworten die Autoren Eckhard Klieme, Olaf Köller und Manfred Prenzel (die, nach eigener Aussage, „den Vorstand des Zentrums für internationale Bildungsvergleichsstudien" bilden): „Diese Kritik geht von der Annahme aus, politische Entscheidungen müssten aus empirischen Erhebungen ‚ableitbar' sein. Das ist wissenschaftstheoretisch falsch und geht politisch an der Realität vorbei. Die Politik kann Befunde des Bildungsmonitorings zur Kenntnis nehmen, um zu erkennen, wo Probleme liegen, muss dann aber weiteres Wissen, Erfahrungen, oder auch schlichte Setzungen hinzunehmen, um Entscheidungen zu treffen."[50]

Hier wird noch einmal die Tradition der Wertfreiheit im Selbstverständnis der empirischen Forschung betont. PISA sei ein „Diagnoseinstrument"[51] und „PISA fordert zu gar nichts heraus, sondern PISA erzeugt Daten"[52].

Auf die Frage: Die „Pisa-Studie hat die deutsche Bildungspolitik stark beeinflusst. Welche Reformen führen Sie direkt auf Pisa zurück?" antwortet „PISA-Koordinator" Andreas Schleicher: „Es gibt ein ganzes Bündel davon."[53] Und das zählt er dann auf.

Was gilt nun? Das, was der „Vorstand des Zentrums für internationale Bildungsvergleichsstudien" sagt (und was wissenschaftstheoretisch nachvollziehbar ist) oder das, was der „PISA-Koordinator" sagt (aber „wissenschaftstheoretisch falsch"[54] sei – wie Eckhard Klieme, Olaf Köller und Manfred Prenzel es bewerten)?

---

50 Klieme, Eckhard / Köller, Olaf / Prenzel, Manfred: *Wo die PISA-Kritik irrt – eine Stellungnahme zu den Thesen Wolfram Meyerhöfers.* Zit nach: http://www.dipf.de/de/im-focus/wo-die-pisa-kritik-irrt (Punkt 8).

51 Klieme, Eckhard / Köller, Olaf / Prenzel, Manfred: *Wo die PISA-Kritik irrt – eine Stellungnahme zu den Thesen Wolfram Meyerhöfers.* Zit nach: http://www.dipf.de/de/im-focus/wo-die-pisa-kritik-irrt (Punkt 1).

52 Klieme, Eckhard / Köller, Olaf / Prenzel, Manfred: *Wo die PISA-Kritik irrt – eine Stellungnahme zu den Thesen Wolfram Meyerhöfers.* Zit nach: http://www.dipf.de/de/im-focus/wo-die-pisa-kritik-irrt (Punkt 10).

53 Schleicher; *„Es wird zu wenig wirklich gelernt".*

54 Klieme, Eckhard / Köller, Olaf / Prenzel, Manfred: *Wo die PISA-Kritik irrt – eine Stellungnahme zu den Thesen Wolfram Meyerhöfers.* Zit nach: http://www.dipf.de/de/im-focus/wo-die-pisa-kritik-irrt (Punkt 8).

An diesem Widerspruch ließe sich die Problematik empirischer Forschung in der Pädagogik aufzeigen: Sie darf nur – dem eigenen Verständnis nach – „Diagnoseinstrument" sein, Messgerät also – denn nur dann ist sie, was sie dem eigenen Verständnis nach auszeichnet – nämlich „wertneutral" (d.h. nicht ideologisch, parteipolitisch gebunden). Aber genau dies lässt das Selbstbild des Empirikers als das des am *Fundamentalen* arbeitenden Wissenschaftlers nicht zu. So kommt es zur beschriebenen in sich widersprüchlichen Mentalität, beides zu wollen, „nur" zu beschreiben und doch alles zu beeinflussen.

Ob es sich hierbei um eine umfassende Denkstruktur handelt, ließe sich durch eine breite Untersuchung empirischer Arbeiten erhärten. Die Vermutung liegt nahe, wie ein Beispiel mit völlig anderen Autoren zeigt: Ein aus Vertretern von Wissenschaft und Wirtschaft gebildeter Aktionsrat formuliert: „Der AKTIONSRAT **BILDUNG** möchte aus seinen Analysen zum Stand des deutschen Bildungssystems Handlungsempfehlungen für die Politik *ableiten*."[55]. Die empirischen Analysen („Diagnosen") sollen also Möglichkeiten zum Deduzieren von Handlungsempfehlungen geben – es ist die gleiche Mentalität, wie sie oben beschrieben wurde. Als weiterer Hinweis auf die vermutete Mentalität mag ein Zitat ähnlicher Widersprüchlichkeit aus den PISA-Studien selbst dienen: Wie verträgt es sich mit einer empirischen, also messenden, Studie, wenn der Hauptverantwortliche schreibt: „Man muss sich im Klaren darüber sein, dass die PISA-Tests (...) ein didaktisches und bildungstheoretisches Konzept mit sich führen, das normativ

---

55 Vgl. etwa: vbw – Vereinigung der Bayerischen Wirtschaft e.V. (Hg.), *Geschlechterdifferenzen im Bildungssystem. Jahresgutachten 2009.* (S. 47; Originalschreibweise; letzte Hervorhebung von mir, V.L.). Dort heißt es: „Um der keineswegs ausgerotteten (!, V.L.) Vorstellung, die Geschlechterdifferenz sei das Produkt einer phylogenetischen, womöglich gar ‚natürlichen' Entwicklung und Konstellation, zu begegnen, werden in den Kapiteln 2.2, 2.3 und 2.4 kumulierte soziologische, neurowissenschaftliche und psychologische Befunde zum geschlechtsspezifischen Rollenverhalten, zur Nichtdifferenz hirnanatomischer und physiologischer Sachverhalte und zur ontogenetischen, psychologischen Entwicklung von Geschlechtsstereotypen dargelegt. Eines ist vollkommen unstreitig (!, V.L.): Es existiert keine angeborene neurologische oder psychologische Differenz zwischen den Geschlechtern (...)." (S. 15). Das Erstaunliche ist, dass die Daten aus den Naturwissenschaften mit dem augenblicklichen Beschäftigungsprogramm des Verbandes korrelieren. Wirtschaftspolitik wird hier – wie beim antiken Pharao – aus der Natur abgeleitet.

ist"[56]. Was nun – Diagnoseinstrument („Test") oder Normativität („Bildungstheorie")?

Dazu passt eine Formulierung, die vielleicht nur ein sprachlicher Lapsus ist – aber gerade deswegen für eine Mentalität erhellend: „PISA selbst bestimmt die Probleme."[57] Nach dieser Formulierung bildet die empirische Forschung reale Probleme nicht ab, sondern „bestimmt", *was ein Problem ist* – und daher auch ein Problem für andere zu sein hat. Entweder weiß der Sprecher nicht, was er mit einem solchen Satz eingesteht – nämlich die Bestätigung, dass die PISA-Forschungen im hohen Maße ideologiehaltig sind, weil sie „bestimmen", was ein Problem ist und was nicht – oder er hat hier genau dies bewusst eingestanden – und damit gegen die Grundregeln der eigenen Forschung verstoßen.

Wie verträgt sich die Idee der Wertfreiheit der empirischen Forschung mit Aussagen eines PISA-Diagnostikers wie: „Der Weg zum zweigliedrigen Schulsystem in vielen Bundesländern ist ein ganz wichtiger Schritt."[58] Hier wird genau das vorgeführt, was immer von den Empirikern bestritten wird: es werden Ratschläge erteilt, die auf empirischer Forschung *beruhen* sollen – zugleich wird aber behauptet, dass das nicht ginge. In den Worten des „Vorstands des Zentrums für internationale Bildungsvergleichsstudien": PISA ist „ein Diagnoseinstrument für die Bildungspolitik. Wege zur Verbesserung ergeben sich daraus in der Tat nicht unmittelbar. (...) PISA selbst bestimmt die Probleme, aber nicht die Lösungen. Das sehen die Bildungsforscher, die an PISA arbeiten, sehr wohl."[59] Ganz offensichtlich weiß hier der eine nicht, was der andere sagt. Dies scheint kein Zufall, sondern eine grundlegende Struktur der Mentalität zu sein.

Eine Auffälligkeit ist der Umgang der PISA-Forschung mit der Forschungslage insgesamt. Sie bezeichnet die eigenen Arbeiten als „state-of-the-art" – also als augenblicklich am weitesten entwickelte Forschung in der Pädagogik. „Der OECD ist es mit PISA gelungen, ein Erhebungsprogramm (...) international einzuführen (...), das inhaltlich wie methodisch

---

56 Baumert u.a.: *PISA 2000*, 19.

57 Klieme, Eckhard / Köller, Olaf / Prenzel, Manfred: *Wo die PISA-Kritik irrt – eine Stellungnahme zu den Thesen Wolfram Meyerhöfers.* Zit nach: http://www.dipf.de/de/im-focus/wo-die-pisa-kritik-irrt (Punkt 1).

58 Schleicher, *„Es wird zu wenig wirklich gelernt"*.

59 Klieme, Eckhard / Köller, Olaf / Prenzel, Manfred: *Wo die PISA-Kritik irrt – eine Stellungnahme zu den Thesen Wolfram Meyerhöfers.* Zit nach: http://www.dipf.de/de/im-focus/wo-die-pisa-kritik-irrt (Punkt 1).

dem state-of-the-art entspricht."[60] Es fragt sich, ob es klug ist, den Beitrag der eigenen Forschung gleich mit zu bewerten und mit dieser Bewertung zu veröffentlichen – so dass sich Kritik eigentlich erübrigt. Es ist, als wenn ein Romanautor die Rezension seines Buchs gleich mit ausliefert. Hier zeigt sich Mentalität – eine Stilfrage, eine Haltung.

Es fragt sich allerdings inhaltlich weiter, welches Verhältnis zu sich selbst das Mitglied der Wissenschaftsgemeinschaft hat, das seine eigenen Arbeiten als „state-of-art" bezeichnet – und damit anderen Forschungen diesen Rang abspricht. Hier maßt sich eine Forschungsrichtung an, *über Forschung insgesamt richten* zu können. Hier kommt so etwas wie *Fundamentalismus* auf.

Umgekehrt werfen PISA-Autoren anderen Forschungsrichtungen vor, nicht dem Forschungsstand entsprechend zu argumentieren: „Die Fragwürdigkeit liegt jedoch in der Vorgehensweise des Autors, die dem *state of the art* nicht entspricht, und nicht etwa in der Studie selbst."[61]

Es fragt sich, *nach welchen Kriterien* man den besten Stand einer Wissenschaft bewertet – zumindest werden sie vom Autor nicht ausgewiesen. Was aber ausgewiesen ist, ist die wissenschaftliche *Literatur*, die in den PISA-Studien benutzt wurde. Und da fällt auf, dass Forschungen mit anderer als empirischer Grundlage so gut wie gar nicht aufgenommen bzw. zitiert (oder auch nur als konsultiert erwähnt) werden. Die reichhaltige historische Forschung zur Frage von Bildungszielen wird überhaupt nicht zur Kenntnis genommen. (Man möchte fragen, wie man den „state-of-the-art" bestimmen kann, wenn man die Forschungsgeschichte gar nicht kennt – d.h. sich mit ihr nicht erkennbar auseinandersetzt?) Nicht-empirische Arbeiten werden nicht herangezogen; und es folgt auch keine indirekte Auseinandersetzung mit ihnen. Nicht nur also ist auffällig die Mentalität, dass die Autoren sich selbst als „state-of-the-art" bezeichnen, aber gar nicht zeigen, inwiefern sie (abgrenzend, affirmativ) in Beziehung zu anderen Arbeiten stehen. Es werden zudem jene (auch aktuelle) Autoren überhaupt nicht erwähnt, die kritisch zur eigenen Position sind. Mag dies in der ersten PISA-Studie noch nachvollziehbar sein– weil es bis dahin keine Kritik an PISA-Autoren gab: Aber spätestens ab der zweiten Studie würde man

---

60 Prenzel u.a., *PISA 2006*, 33.

61 Klieme, Eckhard: *Bildung unter undemokratischem Druck?*

erwarten, dass die bildungstheoretische und fachdidaktische Kritik wissenschaftlich, d.h. systematisch aufgearbeitet wurde. Die wissenschaftlichen Texte behaupten – ohne Auseinandersetzung mit fremden Positionen – ihre eigenen Anschauungen. Das ist eine Mentalität, die im pädagogischen Bereich traditionell eher unüblich ist. Üblich wäre die authentische Aufarbeitung des Forschungsstandes, die Auseinandersetzung mit ihm, die Kritik anders gelagerter Konzepte – und dann die eigene Arbeit.

Kritiker kommen kaum zu Wort: Stattdessen werden die Autoren auf Grund der Medienwahl kritisiert: „Sein Verständnis", heißt es über einen Kritiker, sei „nicht in der einschlägigen Forschung verankert." (Sind es denn die Konzepte der PISA-Autoren? Die Literaturverzeichnisse lassen erkennen, dass man eine solche Verankerung gar nicht erst versucht hat.) „Vielleicht deshalb publiziert Herr (XY) seine Kritik nicht in wissenschaftlichen Zeitschriften, sondern in Tageszeitungen oder Verbandszeitschriften. Dort kann man einfach eine Meinung äußern ohne nachweisen zu müssen, dass sie dem Stand der Forschung entspricht."[62]

An dieser Äußerung zeigt sich (und es wird von den Autoren bestätigt), wie sehr *exkludierend* solch Auftragsforschung allein durch die Art der Finanzierung tatsächlich ist: Während den Autoren der PISA-Studie Publikationen zugänglich sind, die von der OECD finanziert wurden, zudem der Apparat der Bundepressekonferenz (2013 mit einer 20 minütigen Dokumentation im Sender PHOENIX) und ein eigener Apparat im DIPF (der Presseerklärungen abgeben kann), müssen die Kritiker ihre Buchpublikationen selbst finanzieren (bei so spezialisierter Forschung wird kaum ein Verlag das Risiko einer Buchveröffentlichung eingehen), haben keine quasi staatliche organisierte Öffentlichkeit und müssen von sich aus den Kontakt zu Publikumsorganen suchen: *Genau diese faktische publizistische Begrenzung wird ihnen jetzt aber vorgeworfen und als Mangel an Wissenschaftlichkeit ausgelegt.* Statt sich also mit Sachargumenten auseinanderzusetzen, benutzt man die bekannten Strategien zur Diffamierung des Gegners – z. B. ihn als unwissenschaftlich zu bezeichnen. Nicht die empirische Wissenschaft, sondern die Wissenschaftler selber entfernen sich von der Rationalität und Offenheit, auf die Wissenschaft verpflichtet ist. Wäre die Kritik an PISA unwissenschaftlich, wäre es ja ein Leichtes, sie zu widerlegen, ohne

[62] Klieme, Eckhard / Köller, Olaf / Prenzel, Manfred: *Wo die PISA-Kritik irrt – eine Stellungnahme zu den Thesen Wolfram Meyerhöfers.* Zit nach: http://www.dipf.de/de/im-focus/wo-die-pisa-kritik-irrt (Punkt 8).

den Kritiker als inkompetent und unzeitgemäß (state-of-the-art) zu diffamieren. Dies müsste allerdings an dem Ort geschehen, an dem PISA sich artikuliert: in den Studien.

Allein die Literaturverzeichnisse in den PISA-Studien dokumentieren, dass sich die PISA-Autoren nicht der zeitgleichen Wissenschaft zu ihren Themen versichert haben (nicht in dem Umfang und der Tiefe, wie es für eine Studie mit dieser beabsichtigten Wirkung geboten wäre) und mit kritischen Positionen insofern nicht, als sie sie bei der Erstellung des eigenen Konzeptes aufgenommen und entkräftet hättet. PISA – so die Mentalität – setzt die eigene Position, behauptete, sie sei jetzt „Stand der Forschung" – ohne dies zu erweisen und die Kriterien auszugeben, an denen der Stand der Forschung zu bemessen wäre.

Ein Beispiel, wie wenig das, was PISA erforscht, Stand der Forschung oder auch nur wenigstens neu wäre, soll nun inhaltlich an einem Beispiel verdeutlicht werden.[63] Eine der ersten Studien trägt den überraschenden Titel: *Lernen für das Leben. Erste Ergebnisse der internationalen Schulleistungsstudie Pisa 2000. Paris 2001.*[64] Der Titel ist ein Allgemeinplatz – suggeriert aber, alle anderen Konzeptionen der Pädagogik würden kein Programm des Lernens für das Leben enthalten. Aber hier wird eine Trivialität als Besonderheit und Markenzeichen ausgegeben: PISA misst nach eigener Angabe „Basiskompetenzen"; gemeint sind Voraussetzungen für die Teilhabe an gesellschaftlicher Kommunikation. Was unter „Teilhabe" zu verstehen ist, wird in folgendem Zitat deutlich: „Der Gedanke der notwendigen Universalisierung der Basisqualifikationen wird in der angelsächsischen *Literacy*-Diskussion mit dem Argument neuer und infolge des sich beschleunigenden Wandels von der Industrie- zur Wissensgesellschaft steigernder Qualifikationsanforderungen verknüpft. (...) Dieses Konzept von Literalität steht auch *im Hintergrund* der internationalen Rahmenkonzeption von PISA."[65] Die PISA-Autoren beschreiben dies weniger prätentiös am Beispiel: „Mathematische Kompetenz ist die Fähigkeit, mathematisches Denken zu entwickeln und anzuwenden, um Probleme in Alltagssituationen zu lösen."[66] Es geht also um anwendungsbezogenes Lernen – ein Konzept, das

63 Ich greife anfänglich auf ältere Untersuchungen von mir zurück.
64 OECD, *Lernen für das Leben*; Baumert u.a. (Hg.), *Pisa 2000.*
65 Baumert u.a.: *PISA 2000*, 20.
66 http://www.eu-bildungspolitik.de/uploads/dokumente_instrumente/2007_kom_brochure_referenzrahmen.pdf.

in der beruflichen Bildung seit je Standard war: „Die funktionalistische Orientierung der Rahmenkonzeption von PISA, die der Bewährung der Kompetenzen in authentischen Anwendungssituationen besondere Bedeutung zumisst, ist nicht neu.“[67] Das ist richtig – allerdings erfolgt dann ein Bezug zu anderen funktionalistischen Studien, nicht aber zu jenen Konzepten, die historisch diesen Ansatz schon einmal versucht hatten. Um es fachsprachlich zusammenzufassen: Die Aufgabe des Bildungssystems wird hier als Vorbereitung auf die Berufswelt gesehen („Employability“). Das Ziel soll erreicht werden durch eine Theorie der (fachübergreifenden und domänenspezifischen) formalen Bildung: „Kompetenzen“. Dieses Konzept wird als innovativ ausgegeben, andererseits aber als nicht „neu“ bezeichnet. Was nun?

Nun zeigt die Geschichte der Pädagogik, dass dieses Konzept (bis hin zur formalen Bildungstheorie der Kompetenzen) eines jener Konzepte ist, die in der Pädagogik kontinuierlich seit der Antike exploriert wurden. Als Hinweise seien die Nennung der Bildungskonzeption der Philanthropen genannt bis zurück zu Konzepten des griechischen Sophismus – die alle genau die Berufsfähigkeit als Ziel pädagogischen Bemühens ausgegeben hatten. Dieses Ziel sollte erreicht werden, indem man nicht Inhalte lehrte, sondern Kompetenzen – so, wie man sie z. B. in den griechischen Rednerschulen einübte: Es ging dort z. B. um gegenstandsunabhängige Einübung von öffentlicher Beredtheit – um Kommunikationskompetenz. Die Theorie des berufsweltbezogenen Lernens durch Qualifikation formaler Operationen lässt sich durch die gesamte Geschichte der Pädagogik nachverfolgen. Selbst Humboldt zeigte – in seiner Betrachtung der Funktion antiker Sprachen und einer Theorie der Bildung der „Kräfte“ – Ansätze formaler Bildung – bis hin zu der „*Theorie der formalen Bildung*“ von Erich Lehmensick aus dem Jahre 1926.[68] Das funktionalistische Konzept ist in der Tat „nicht neu.“[69] Warum behauptet man es dann als innovativ – sogar als „Paradigmenwechsel“?: „Mit Pisa habe ein ‚Paradigmenwechsel in der Bildung‘ begonnen, sagt Bundesbildungsministerin Annette Schavan.“[70]

Auch die Kritik an diesen Konzepten ist seit der Antike bekannt und je nach Zeitumständen appliziert worden: Bei Aristoteles ist es der Gedanke,

---

67 Baumert u.a.: *PISA 2000*, 19.

68 Lehmensick, *Die Theorie der formalen Bildung*.

69 Baumert u.a.: *PISA 2000*, 19.

70 Kahl, Reinhard: *Das Ringen um PISA*.

dass zwischen dem Erwerb inhaltlicher Planungsfähigkeit und dem Einüben funktionaler Kompetenzen (wir würden sagen: zwischen Bildung und Ausbildung) unterschieden werden muss: Die funktionale formale Ausbildung schrieb er den Sklaven zu, die Fähigkeit inhaltlich Zwecke setzen zu können, ihren Herren. Eine solche Zweiteilung der Menschen lassen die modernen Verfassungen gar nicht mehr zu: Folglich muss jedes Bildungskonzept funktionale und inhaltliche Aspekte so unterrichten, dass ihre Beziehung deutlich wird. Dies will PISA erklärtermaßen nicht. PISA geht es – in eigenen Worten – „um ‚Bewährung in Anwendungssituationen'"[71] – nicht um die Frage, wie man lernt, solche Anwendungssituationen zu schaffen und zu bewerten. Fragen zum Sinn von Funktionen gehören aber zum Gegenstand aller Bildungsprozesse.

Seit der Antike lässt sich dieses Konzept nachzeichnen: So fordert *Platon*, nicht operationalisierbare Tugenden zu lehren, sondern die Tugend – also die Reflexion auf das, was gut ist. So sieht *Augustinus*, dass nicht die Orientierung an der Gesellschaft („Bewährung in Anwendungssituationen"), sondern an den Ideen von Wahrheit und Sittlichkeit geschichtliche Entwicklung überhaupt erst möglich macht. So nimmt *Rousseaus* Unterscheidung zwischen Mensch und Bürger in der Aufklärung die Unterscheidung zwischen Bildung und Ausbildung auf: „Der natürliche Mensch ist sich selbst alles. Er ist die ungebrochene Einheit, das absolut Ganze, das nur zu sich selbst oder seinesgleichen eine Beziehung hat. Der bürgerliche Mensch ist nur eine Bruchzahl, die von ihrem Nenner abhängig ist und deren Wert in ihrer Beziehung zum Ganzen besteht, das heißt dem gesellschaftlichen Ganzen"[72]: Damit ist die Ausbildung zu einem gesellschaftlich nützlichen Zweck abgegrenzt von der Bildung, die der Person gilt: „Menschen sind wir eher, als wir Professionisten werden, und wehe uns, wenn wir nicht auch in unserm künftigen Beruf Menschen blieben! Von dem, was wir als Menschen wissen und als Jünglinge gelernt haben, kommt unsre schönste *Bildung* und Brauchbarkeit für uns selbst her, noch ohne zu ängstliche Rücksicht, was der Staat aus uns machen wolle."[73] Die Reihe der Kritiker funktionaler Bildungstheorien lässt sich bis in die Gegenwart verlängern.

---

[71] Baumert, u.a.: *PISA 2000*, 19.

[72] Rousseau, *Emile*, 112.

[73] Herder, *Schulreden*, 62f.

Die Kritik an formalen Bildungstheorien (wie sie die von PISA beförderten Kompetenztheorien sind) läuft darauf hinaus, dass formale Bildungsziele kultur- und wahrheitsneutral sind und Wertfragen ausschließen; um es scharf konturiert zu sagen: Zur Lektüre eines Hitlertextes und eines Bibeltextes sind formal die gleichen Kompetenzen notwendig; einer Gesellschaft kann es aber nicht gleichgültig sein, an welchen Inhalten die nachfolgende Generation lernt, diese Gesellschaft weiterhin zu gestalten. Auch diese Kritik ist seit der Antike jedes Mal dann formuliert worden, wenn in der Bildungsverwaltung formale Bildungstheorien protegiert wurden. (Die älteste Kritik stammt von *Platon* – und trifft immer noch den Kern des Konzepts: „Die Sachen selbst braucht sie (d. i. die Redekunst, V. L.) nicht zu wissen, wie sie sich verhalten, sondern sie muß nur einen Kunstgriff der Überredung herausgefunden haben, so daß sie das Ansehen bei den Nichtwissenden gewinnt, mehr zu wissen als der Unwissende."[74] Die grundlegende Kritik stammt von *Rousseau*, im deutschen Sprachbereich von Friedrich Philipp Immanuel *Niethammer*[75], von *Humboldt* oder – sehr umfangreich – von Wolfgang *Klafki*[76]. All dies ist bekannt – allerdings nicht in den Literaturverzeichnissen der PISA-Autoren dokumentiert.

Wie soll man nun als historischer Pädagoge erklären, dass eine ganze Ausrichtung einer finanzmächtigen Institution wie der OECD eine der ältesten und zugleich bis in die Gegenwart aktuellen Idee der Pädagogik als „Stand der Forschung", als State of the Art, als Innovation, ja sogar als „Paradigmenwechsel" ausgibt? „Der Kompetenzbegriff gewinnt in der Bildungstheorie und Schulpolitik zunehmend an Bedeutung. In Deutschland ist dies zu einem wesentlichen Teil eine Reaktion auf die PISA-Studie von 2000/2001, die nicht abrufbares Wissen (Sach- oder Methodenwissen) der Schülerinnen und Schüler abprüfte, sondern Kompetenzen wie Lesekompetenz, mathematische und naturwissenschaftliche Kompetenz. Dies kommt einem *Paradigmenwechsel* gleich; von einer ‚Input-Orientierung' auf Lehrpläne, -mittel und -maßnahmen hin zu einer ‚Output-Orientierung' auf sogenannte Bildungsstandards."[77] Ein Historiker fragt sich: Ignorierten oder verdrängen die PISA-Autoren jene kritischen Einwände, so dass sie

74 Platon, *Gorgias*, 459c.

75 Niethammer, *Der Streit des Philanthropinismus.*

76 Klafki, *Studien zur Bildungstheorie und Didaktik.*

77 http://de.wikipedia.org/wiki/Kompetenz_%28P%C3%A4dagogik%29. Abgerufen am 22.12.2013. Hervorheb. von mir, V.L.

die eigenen Forschungen als „state-of-the-art“ überschätzen? Kannten sie die Untersuchungen zur formalen Bildungstheorie nicht, so dass sie diese seit langem bekannten Forderungen als Innovation vorstellen? Das ist ja kaum vorstellbar, wenn man sich Qualifikationen der Autoren ansieht. Warum aber verweisen sie nicht auf ihre Vorläufer? Warum lassen sie zu, dass als *Paradigmenwechsel* bezeichnet wird, was seit er Antike bekannt ist? Und besonders: Warum gehen sie nicht auf die Kritik ein, die an diesen Konzepten geübt wurde? Wie kann die eigene Position so geschichtslos begründet und der Öffentlichkeit als „state-of-the-art“ vorgestellt werden? Es muss eine eigene Mentalität sein, die hinter einem solchen Verhalten steht.

Dieses Ausblenden von ganzen Forschungszweigen lässt sich auch an fundamentalen Entscheidungen aufzeigen. Fragt man etwa, wie empirische Studien die Auswahl der Kriterien oder Konzepte begründen, stößt man – personenunabhängig – auf einen immer wiederkehrenden Begründungstypus: Im deutschen Sprachbereich erfreut sich z. B. die Kompetenzdefinition von Weinert großer Beliebtheit – eine Begründung für die bevorzugte Nutzung gerade dieser Begriffsbestimmung gegenüber anderen fehlt allerdings. Im „Klieme-Gutachten“[78] liest man nur: „Weinert (z.B. 2001) hat in seinen einflussreichen Publikationen immer wieder darauf hingewiesen, ...“ (S. 27). Oder: „In einer *Überblicksarbeit* zeigte der Erziehungswissenschaftler und Psychologe Franz Weinert (1999), dass eine Vielzahl unterschiedlicher Kompetenzbegriffe verwendet wird, die eine weite Spanne abdeckt von angeborenen Persönlichkeitsmerkmalen (z.B. Begabung, Intelligenz) bis hin zu erworbenem umfangreichem Wissensbesitz, von fächerübergreifenden Schlüsselqualifikationen bis hin zu fachbezogenen Fertigkeiten. Soll der Kompetenzbegriff zur Grundlage für bildungspolitische Veränderungen gemacht werden, wie dies bei der Entwicklung von Bildungsstandards der Fall ist, ist eine Übereinkunft im Sprachgebrauch notwendig. *Weinert argumentierte überzeugend*, dass die tragfähigste Definition von Kompetenz diejenige ist, die in dem Bereich der Expertiseforschung entwickelt wurde. Die Expertiseforschung beschäftigt sich mit der Untersuchung von leistungsfähigen Experten in einem bestimmten Fach bzw. Gegenstandsbereich – in der Expertiseforschung als „Domäne“ bezeichnet. Der dort verwendete Kompetenzbegriff

[78] MBF, *Zur Entwicklung nationaler Bildungsstandards.*

lässt sich hervorragend auf den schulischen Bereich übertragen. Bei der Beschreibung von Kompetenz und vor allem bei Versuchen ihrer Operationalisierung stehen hauptsächlich kognitive Merkmale (fachbezogenes Gedächtnis, umfangreiches Wissen, automatisierte Fertigkeiten) im Vordergrund. Jedoch gehören ausdrücklich auch motivationale und handlungsbezogene Merkmale zum Kompetenzbegriff." (S. 72; Hervorheb. v. mir, V.L.) Leider erfährt man nicht, warum sich der Kompetenzbegriff „hervorragend" auf die Schule übertragen lässt. Es bleibt bei der Behauptung. Behauptungen werden als Behauptungen weitergeleitet und verfestigen sich.

Dass dies kein Zufall, sondern vermutlich Mentalität ist, mag sich an anderer Stelle zeigen: Der renommierte Psychologe Niclas Schaper, tätig am „Zentrum für Kompetenzentwicklung für Diversity Management in Studium und Lehre an Hochschulen in NRW"[79], beschreibt den Begriff ‚Kompetenz':

> „Das Konstrukt ‚Kompetenz' wird in Bezug auf seinen Bedeutungsgehalt sehr unterschiedlich aufgefasst und definiert. Man ist sich relativ einig darüber, dass Kompetenzen die Voraussetzungen widerspiegeln, die zur Bewältigung komplexer, meist beruflicher Aufgaben erforderlich sind. Jedoch gibt es unterschiedliche Ansätze, wie man diese Voraussetzungen konzeptualisieren und beschreiben kann."[80]

Es fragt sich: Wer ist „man" und was heißt „relativ"? Gilt hier die Mehrheitsmeinung, so dass das, was massenweise publiziert wurde, folglich auch inhaltlich richtig sein muss? Und wie kann eine Aussage, die sich selbst schon als „relativ" bezeichnet, einen Geltungsanspruch erheben? Alles andere Wissen ist dann ja auch relativ – und wäre dieser Auffassung nach gleich gültig.

Der Verfasser fährt dann fort: „Aus Sicht des Autors lassen sich vor allem folgende Arten eines psychologisch fundierten Kompetenzverständnisses unterscheiden." Die wissenschaftliche Offenheit erscheint wie eine subjektive Bewertung – die selbstverständlich niemandem abzusprechen ist, aber doch einer sachlichen Reserviertheit Ausdruck gibt: Es wird ein

---

79 http://www.komdim.de/index.php?id=41&tx_p2komdim_pi6[expertuid]=29&cHash=1360038858, zuletzt aufgerufen am 2.1.2014.

80 http://kw.uni-paderborn.de/fileadmin/psychologie/download/publikationen/Schaper_-__Arbeits-__Psychologische_Kompetenzforschung.pdf.

persönlicher Blick auf eine Sache gegeben. Aber ist dieser Blick mehr als nur „relativ“?

Es ist die gleiche Mentalität: Man passt sich dem an, was „allgemeine Auffassung ist“, was sich durchgesetzt hat – so, als könne man das überhaupt statistisch erheben und aus der Statistik den Wahrheitswert einer Aussage ablesen. Nicht die argumentative Begründung, sondern das angebliche (aber gar nicht nachprüfbare) Faktum eines tatsächlichen Erfolgs einer „Konstruktion“ (Schaper) wird als Wahrheit angenommen. Dabei wird nicht beachtet, wie denn die (politischen, publizistischen) Verhältnisse sind, unter denen sich eine Meinung durchsetzt. Es zeigt sich ein naives Vertrauen in den Marktcharakter von Öffentlichkeit: Wer recht hat, setzt sich durch.

Es wurde versucht, einige Mentalitäten in der empirischen Forschung aufzuzeigen – exemplarisch an signifikanten Beispielen. Diese Mentalitäten beeinflussen die wissenschaftliche Arbeit und die Kommunikation innerhalb eines Forschungsparadigmas. Sie haben insofern öffentliche Bedeutung, als die Öffentlichkeit davon ausgeht, dass in der Wissenschaft auf Wahrheit zielende Aussagen ohne Ansehen der Person und persönlicher Vorlieben formuliert werden. Die Mentalitätsanalysen zeigen aber, wie sehr die wissenschaftliche Arbeit von in sich widersprüchlichen und typischen (d.h. personenunabhängigen) Denkbewegungen – von Mentalitäten eben – bestimmt ist.

7. Zur Ethik der Empirie

Die Regeln empirischer Forschung liegen offen; sie ist, wie alle Forschung, auf Wahrheit verpflichtet. Dass Wahrheit eine regulative Idee, aber kein Faktum ist, muss als Grundvoraussetzung akzeptiert werden. Daher ist Empirie nicht objektiver als andere Wissenschaft auch. Sie deckt vielmehr nur einen Teilbereich der Wirklichkeitserfassung ab – bedarf aber der nichtempirischen Wissenschaften, um überhaupt arbeiten zu können. Die Mentalität der Wertfreiheit darf sich keine Wissenschaft allein zuschreiben: Jede Wissenschaft zielt theoretisch auf Wahrheit („Wertfreiheit“), ist praktisch aber in soziale Interessen und subjektive Mentalitäten eingebunden.

Der erste Schritt zu einem sinnvollen Umgang mit pädagogischer Empirie wäre die Offenlegung dieser Interessen und Mentalitäten. In allen

Publikationen sollten Auftraggeber und Finanzierung offengelegt werden, die Funktionen der Personen, die an der Publikation beteiligt sind usw. Offen zu legen ist, wer zu welchem Zweck welche Forschung finanziert. Wie hoch sind die investierten Summen, welche beruflichen Abhängigkeiten bestehen? Für die Gruppe der Universitätsprofessoren waren diese Fragen immer öffentlich klar; mit der Auftragsforschung – und die Empirie betreibt ausschließlich Auftragsforschung, schon aus finanziellen Gründen – hat sich dies verändert: Um Transparenz zu schaffen, müssen diese Interessen, Abhängigkeiten und Bedingtheiten aufgezeigt werden.

Literatur:

Adorno, Theodor W. u. a.: *Der Positivismusstreit in der deutschen Soziologie.* 6. Aufl., Luchterhand, Darmstadt/Neuwied 1978; sowie Deutscher Taschenbuch Verlag, Frankfurt am Main 1993.

Aristoteles, *Nikomachische Ethik,* München 1978.

Aristoteles: *Poetik.* Zit, nach: Aristoteles: *Hauptwerke.* Ausgewählt, übersetzt und eingeleitet von Wilhelm Nestle. Stuttgart 1977.

Aristoteles: *Politik* [zw. 335-323 v. Chr.]. Nach der Übersetzung von Franz Susemihl bearbeitet mit Nummerierung, Gliederungen und Anmerkungen hg. v. Nelly Tsouyopoulos u. Ernesto Grassi. O.O. [Hamburg] 1965.

Aurelius Augustinus: *Der Gottesstaat.* In deutscher Sprache von Carl Johann Perl. Bd. III. Salzburg 1953.

Baumert, Jürgen u.a.: *PISA 2000: Untersuchungsgegenstand, theoretische Grundlagen und Durchführung der Studie.* In: Deutsches PISA-Konsortium (Hg.): *PISA 2000. Basiskompetenzen von Schülerinnen und Schülern im internationalen Vergleich.* Opladen 2001, 15-68.

Bernstein, Basil: *Studien zur sprachlichen Sozialisation.* Düsseldorf 1972.

Bildungswesen: mangelhaft. BRD-Bildungspolitik im OECD-Länderexamen. Frankfurt/M. Diesterweg 1973.

Bultmann, Torsten/Wernicke, Jens (Hg.): *Netzwerk der Macht - Bertelsmann.* Der medial-politische Komplex aus Gütersloh, 2. erw. Auflage, Marburg 2007.

Bundesministerium für Bildung und Forschung (BMBF). Referat Bildungsforschung (Hg.): *Zur Entwicklung nationaler Bildungsstandards.* Bonn/Berlin 2007. Unveränderter Nachdruck 2009.

Böhm, Winfried: *Wörterbuch der Pädagogik.* 16., vollständig überarbeitete Auflage unter Mitarbeit von Frithjof Grell. Stuttgart 2005.

Collier, Peter / Horovitz, David (Hrsg.): *The Anti-Chomsky Reader.* Encounter Books, New York 2004.

Comte, A.: *Discours sur l'Esprit Positif./Rede über den Geist des Positivismus.* Übersetzt, eingeleitet und hrsg. von Fetscher, I., Hamburg 1979.

Daley, Christine E.; Onwuegbuzie, Anthony J.: (Art.:) Race and Intelligence. In: Sternberg, Robert J.; Kaufman, Scott B: *The Cambridge Handbook of Intelligence.* Cambridge New York 2011, 293–306.

Diepgen, P.: *Der Kirchenlehrer Augustin und die Anatomie im Mittelalter.* In: Centaurus 1 (1950/51), 206-211.

Dinzelbacher, Peter (Hg.): *Europäische Mentalitätsgeschichte.* 2. Auflage. Stuttgart 2008.

Gilman, Sander L.: *Die schlauen Juden. Über ein dummes Vorurteil.* Berlin 1998.

Heckhausen, Heinz: Art.: Kompetenz V. In: *Historisches Wörterbuch der Philosophie.* Bd. IV. Basel/Stuttgart 1976. Sp. 922-923.

Herder, Johann Gottfried: Vom Zweck der eingeführten Schulverbesserung [1786]. In: Ders.: *Schulreden.* Hg. v. Albert Reble. Bad Heilbrunn/ Obb. 1962. S. 61-64.

Herodot: *Historien.* Deutsche Gesamtausgabe. Übers. v. A. Horneffer. Neu hg. u. erl. v. H. W. Hausig. Mit einer Einleitung von W. F. Otto. Stuttgart 1963 (3. Aufl.).

Hölderlin, Friedrich: *Werke und Briefe.* Hg. v. Friedrich Beißner u. Jochen Schmidt. Bd. II. Frankfurt/M. 1969. S. 647-649.

Jaeger, Werner: *Paideia.* Berlin-Leipzig 1936. Bd. 1 (2. Aufl.), 63-88.

Kahl, Reinhard: *Das Ringen um PISA..* Warum es so viele Lesarten einer Studie gibt. In: Die Zeit (2007) H. 51 (=http://www.zeit.de/2007/51/C-pisaschulen).

Kant, Immanuel: *Metaphysische Anfangsgründe der Naturwissenschaft*. (1786). In: Kant, Immanuel: Werke in zehn Bänden. Hg. v. Wilhelm Weischedel. Bd. 8. Darmstadt 1983. S. 7-135.

Kant, Immanuel: *Metaphysische Anfangsgründe der Tugendlehre*. Hamburg 1990.

Kaupen-Haas, Heidrun / Saller, Christian (Hrsg.): *Wissenschaftlicher Rassismus. Analysen einer Kontinuität in den Human- und Naturwissenschaften.* Campus Verlag, Frankfurt a.M. 1999.

Klafki, Wolfgang: *Studien zur Bildungstheorie und Didaktik*. Weinheim-Basel 1975

Klieme, Eckhard: *Bildung unter undemokratischem Druck?* Anmerkungen zur Kritik der PISA-Studie. In: Aufenanger, Stefan / Hamburger, Franz / Ludwig, Luise & Tippelt, Rudolf (Hg.): *Bildung in der Demokratie. Beiträge zum 22. Kongress der DGfE.* Band 2. Opladen & Farmington Hills: Barbara Budrich 2011. Zit nach:

http://pisa.dipf.de/de/files/PISA_Artikel_Bildung%20unter%20undemokratischen%20Druck_klieme.pdf.

Ladenthin, Volker: *Zukunft und Bildung. Entwürfe und Kritiken*. Frankfurt/M. 2004.

Ladenthin, Volker: *Philosophie der Bildung. Eine Zeitreise von den Vorsokratikern bis zur Postmoderne*, Bonn 2007.

Lehmensick, Erich: *Die Theorie der formalen Bildung* [Göttinger Studien zur Pädagogik, hg. v. Herman Nohl. 6. H.]. Göttingen 1926.

Marrou, Henri-Irénée: *Geschichte der Erziehung im klassischen Altertum*. Hg. v. Richard Harder. Freiburg-München 1957.

Meier, Monika / Menze, Frohmut / Torff, Frohmut / Achenbach, Andreas: *Das Elend mit der kompensatorischen Erziehung*. Gießen 1973. (2. Aufl.).

Merkens, Hans: Empirische Pädagogik. In: Tenorth, Heinz-Elmar / Tippelt, Rudolf: *BELTZ Lexikon Pädagogik.* Weinheim-Basel 2007, 182f.

Niethammer, Friedrich Philipp Immanuel: *Der Streit des Philanthropinismus und des Humanismus in der Theorie des Erziehungs-Unterrichts unsrer Zeit*, Jena 1808.

Organisation for Economic Cooperation and Development (OECD): *Lernen für das Leben. Erste Ergebnisse der internationalen Schulleistungsstudie Pisa 2000.* Paris 2001.

Pestalozzi, Johann Heinrich: *Meine Nachforschungen über den Gang der Natur in der Entwicklung des Menschengeschlechts.* Zürich 1797 (Auszug). In: Texte für die Gegenwart. Bd. 1. Menschenbildung und Menschenbild. Hg. v. Heinrich Roth. Zug 1976, 86-98.

Platon: *Des Sokrates Verteidigung [Apologie].* In: Platon: *Sämtliche Werke.* In der Übers. v. F. Schleiermacher (...) hg. v. Walter F. Otto, Ernesto Grassi, Gert Plamböck. Bd. 1 Hamburg 1957, 7-31.

Platon: *Gorgias.* In: Platon: *Sämtliche Werke.* I. d. Übers. v. F. Schleiermacher hg. v. W. F. Otto, E. Grassi, G. Plamböck. Bd. I. Hamburg 1957.

Platon: *Menon* [zw. 393-388 v. Chr.]. In: Platon: *Sämtliche Werke.* Nach der Übersetzung von Friedrich Schleiermacher (...), hg. v. Walter F. Otto, Ernesto Grassi und Gert Plamböck. Bd. II. Hamburg 1958. S. 7-42.

Prenzel, Manfred u.a.: *PISA 2006: Eine Einführung in die Studie.* In: PISA-Konsortium (Hg.): *PISA 2006: Die Ergebnisse der dritten internationalen Vergleichsstudie.* Münster 2007, 31ff.

Rahn, Helmut (Hrsg.): *Marcus Fabius Quintilianus: Ausbildung des Redners.* Zwölf Bücher. 5. Auflage. Wissenschaftliche Buchgesellschaft. Darmstadt 2011.

Rammstedt, Otthein: *Deutsche Soziologie 1933 – 1945. Die Normalität einer Anpassung.* Frankfurt am Main: Suhrkamp 1986.

Rousseau, Jean-Jacques: *Emile oder Über die Erziehung* [1757/1762]. Hg., eingeleitet u. mit Anm. versehen von Martin Rang. Unter Mitarbeit d. Hg. aus dem Französischen übertragen von Eleonore Sckommodau. Stuttgart 1970.

Rüschemeyer, Dietrich: (Art.:) Mentalität und Ideologie In: *Soziologie*. Hg. v. René König. Überarbeitete und erweiterte Neuausgabe. Frankfurt 1969. 190 – 194.

Schleicher; Andreas: *„Es wird zu wenig wirklich gelernt"*. Interview mit Kerstin Meier. In: Frankfurter Rundschau. 04.12.2013.

vbw – Vereinigung der Bayerischen Wirtschaft e.V. (Hrsg.): *Geschlechterdifferenzen im Bildungssystem. Jahresgutachten 2009*. Wiesbaden: VS 2009.

Wildfeuer, Armin G.: Art.: Praxis. In: *Neues Handbuch philosophischer Grundbegriffe*. Hg. v. Petra Kolmer und Armin G. Wildfeuer. Bd. 2. Freiburg-München 2011, 1774-1804.

Xenophon: *Erinnerungen an Sokrates*. Griechisch-deutsch. Übers. u. hg. v. Peter Jaerisch, m. Literaturhinweisen v. Rainer Nickel. Düsseldorf-Zürich 2003.

(Leicht verändert zuerst veröffentlicht in: Schwaetzer, Harald (Hg.): Der andere Blick: Fragendes Denken zum theoretischen Rahmen der empirischen Bildungsforschung. Bernkastel-Kues 2014 (= COINCIDENTIA. Zeitschrift für europäische Geistesgeschichte. Beiheft 4) S. 77-126.)